José María Heredia

Poemas

Edición y cronología de Emilio Roig de Leuchsenring

Barcelona **2024**
Linkgua-ediciones.com

Créditos

Título original: Poemas de Heredia.

© 2024, Red ediciones S.L.

e-mail: info@linkgua.comm

Diseño cubierta: Michel Mallard

ISBN rústica: 978-84-96290-95-2.
ISBN ebook: 978-84-9816-937-9.

Cualquier forma de reproducción, distribución, comunicación pública o transformación de esta obra solo puede ser realizada con la autorización de sus titulares, salvo excepción prevista por la ley. Diríjase a CEDRO (Centro Español de Derechos Reprográficos, www.cedro.org) si necesita fotocopiar, escanear o hacer copias digitales de algún fragmento de esta obra.

Sumario

Créditos _____ 4

Brevísima presentación _____ 9
  La vida _____ 9
  El salto _____ 9

Días y hechos de José María Heredia
Francisco González del Valle y Emilio Roig de Leuchsenring _____ 11

Soneto _____ 25

Las ruinas de Mayquetía _____ 26

La desconfianza _____ 27

Sáficos. A la prenda de la fidelidad _____ 28

La partida _____ 30

A mi padre en sus días _____ 33

A Elpino _____ 36

Al concluirse una partida de campo _____ 38

Los recelos _____ 39

A la hermosura _____ 42

En el teocalli de Cholula _____ 45

A los griegos en 1821	50
La inconstancia	57
La cifra	61
A..., en el baile	62
A mi caballo	66
En mi cumpleaños	68
Ausencias y recuerdos	73
A Lola en sus días	76
En una tempestad	79
Al Sol	82
La resolución	87
Al salto del Niágara	89
A Washington	94
A Emilia	97
Himno al Sol, escrito en el Océano	102
Vuelta al sur	105
Oda al cometa de 1825	108
Himno del desterrado	110

A Sila	114
A la estrella de Venus	116
A mi amante	118
A mi esposa en sus días	120
Al Océano	122
Al recibir el retrato de mi madre	126
Recuerdo	130
Para grabarse en un árbol	131
La melancolía	132
El Ay de mí	133
Oda a la noche	134
Calma en el mar	139
Oda al Sol	142
El arco iris	146
La caída de las hojas	149
Oda	151
Progreso de las ciencias	156
A mi padre encanecido	159

Carácter de mi padre	160
Soneto	161
A Roma antigua	162
A Napoleón	163
Soneto a Napoleón	171
Meditación matutina	172
En el sepulcro de un niño	174
Soneto a mi esposa	175
Vanidad de la riquezas	176
La estación de los nortes	177
Al Popocatepetl	179
Inmortalidad	186
El milano y el palomo	187
El ruiseñor, el príncipe y su ayo	188
La presumida y la abeja	189
Los dos diamantes	190
El filósofo y el búho	191
Libros a la carta	193

Brevísima presentación

La vida
José María Heredia (Santiago de Cuba, 1803-México, 1839). Cuba.
De niño sus padres viajaron con él por La Florida, Santo Domingo, Venezuela y México.
Estudió Derecho en Cuba y ejerció allí la abogacía durante breve tiempo.
En 1823 su actividad independentista lo condujo al exilio. Vivió dos años en Nueva York, donde publicó sus poemas.
Murió en Toluca, México. Allí había sido político, periodista y profesor.

El salto
El poema «El salto del Niágara» fue interpretado como una metáfora de la libertad y del deseo de Cuba de romper con España, la metrópolis colonial.
Aunque Heredia fue un poeta interesado por las formas clásicas, estuvo marcado por la melancolía del romanticismo y el disfrute de la naturaleza. Su temperamento apasionado se refleja en sus dos poemas más conocidos: «El Teocalli de Cholula» (1820) y «El salto del Niágara» (1824).

Días y hechos de José María Heredia
Francisco González del Valle y Emilio Roig de Leuchsenring

1803.	Diciembre 31. Nace en la ciudad de Santiago de Cuba. Sus padres: José Francisco Heredia y Mieses y Mercedes Heredia y Campuzano, naturales de Santo Domingo. Primogénito.
1804.	Enero 13. Es bautizado en la iglesia de Nuestra Señora de los Dolores, en Santiago. Sus padrinos: capitán Manuel Heredia y Pimentel, abuelo paterno, y Juana Heredia y Mieses, tía paterna. Se le impone el nombre de José María.
1806.	Enero 31. Sale de Santiago de Cuba con sus padres, para La Habana.
Junio 25.	Llega a Pensacola, a donde iba destinado su padre a ocupar la Asesoría de la Intendencia de la Florida occidental. En el viaje de La Habana a Pensacola, es apresada por los ingleses la embarcación, demorando esto su llegada al lugar de destino.
1808.	Agosto 12. Nace su hermana Ignacia —la predilecta del poeta— según el padre Cipriano de Utrera.
1810.	Enero. Embarca hacia La Habana, después del día 24, por haber sido nombrado su padre, en 15 de octubre de .1809, Oidor de la Audiencia de Caracas, de lo que no tuvo conocimiento hasta el 23 de enero de 1810.
Febrero-junio.	Vive en La Habana con sus padres y hermana hasta mediados de junio. Ya en esta época ha adquirido, teniendo de maestro único a su padre, y según el dicho de éste, instrucción suficiente para comenzar estudios mayores. José Antonio Ramos, Oidor de la Audiencia de Puerto Príncipe, le regala un ejemplar de la *Fábulas de Fiorián*, en francés, sin duda porque estaba en aptitud de comprenderlas.

Junio 16.	Embarca rumbo a Venezuela en la goleta La Veloz, que azotada por malos vientos arriba a Santo Domingo.
Julio 24.	Llega a Santo Domingo, donde se queda con su madre y hermana, continuando viaje el padre hacia Venezuela, con misión especial del Gobernador de Cuba, Marqués de Someruelos, para hacer volver a la legalidad a la Junta Patriótica de Caracas, rebelada contra el Gobierno de la Metrópoli. En la patria de sus mayores continúa los estudios bajo la dirección de su primo Francisco Javier Caro, Consejero de Indias y Comisionado Regio, y del canónigo doctor Tomás Correa, sorprendiendo al primero la facilidad con que traducía el niño a Horacio, y considerándolo por ello buen latinista. La asombrosa inteligencia revelada por José María en esta época la hace resaltar su condiscípulo de entonces Francisco Muñoz del Monte, en la poesía que le dedicó a su muerte. Nace ese mismo año su hermano Rafael.
1812.	Después del mes de mayo llega a Venezuela con sus padres y hermanos, residiendo en Coro.
1813.	Sale de Valencia para Puerto Cabello, por tener que huir la familia ante la proximidad de las tropas de Bolívar.
Agosto 2.	Llega a Puerto Cabello con sus padres y hermana, después de día y medio de penoso viaje a lomo de mula, habiendo tenido que dejar en Valencia a su hermano Rafael, moribundo.
Agosto 7.	Sale su padre, posiblemente con la familia, de Puerto Cabello para Coro.
Agosto 9.	Llega al puerto de La Vela, provincia de Coro, permaneciendo en la población de este nombre durante el resto del año y el siguiente.
1815.	En Coro. En 3 de mayo embarca su padre para La Guaira con el brigadier José Ceballos a fin de establecer la Audiencia en Caracas.

Mayo 25.	En carta de esta fecha escrita desde Caracas por José Francisco a su esposa, le recomienda cuide que su primogénito continúe los estudios religiosos y literarios en la misma forma en que los hacía con él.
Junio 8.	Recomienda otra vez José Francisco a su esposa en carta de esta fecha, la vigilancia sobre los estudios del hijo, prohibiendo que lea a Montesquieu, indicando repase la Lógica y busque quien le dé lecciones de contar.
Octubre 20.	En Maiquetía toda la familia. Nace este año su hermana Rafaela, después notable pianista. Sobre la estancia en esta población escribió una poesía. *Las ruinas de Maiquetía* cuya fecha se desconoce.
1816.	Desde abril, en Caracas con su familia, por haberse restablecido la Audiencia en aquella ciudad.
Septiembre 11.	Se le expide certificado por la Universidad de Santa Rosa de Lima, Caracas, de haber aprobado Gramática Latina y sus partes.
1817.	Diciembre 7. Sale de Puerto Cabello para La Habana, en la fragata Isabela, por haber sido nombrado su padre Alcalde del Crimen de la Audiencia de México. Hay una poesía, sin fecha, titulada *Elegía*. La salida de Caracas. Compone la poesía *Carta a M. F., Conde de Tovar, A bordo de la fragata, americana Isabela, en la bahía de Puerto Cabello, a 7 de diciembre de 1817*, primera composición cuya fecha exacta se conoce.
Diciembre 18.	Escribe la poesía *El paso del Trópico*.
Diciembre 26.	Llega a La Habana.
1818.	*La desconfianza* (soneto) primera composición escrita en La Habana. Matricula y estudia en la Universidad el primer curso de Leyes. Inicia sus amores con Isabel Rueda y Ponce de León, la Belisa o Lesbia de sus poesías...

1819.	Enero. Escribe su primera obra dramática, en un acto y en prosa, *Eduardo IV o el usurpador clemente*, sin consignar si es original o tomada de otro autor.
Febrero 14 y 23.	Es representada en Matanzas, por aficionados, la anterior pieza dramática, desempeñando Heredia el papel de Guillermo.
Marzo.	Aprueba el segundo curso de Leyes en la Universidad. Antes de abandonar La Habana comienza, posiblemente, su amistad con Domingo del Monte. *El campesino espantado*, sainete compuesto en La Habana.
Abril 2.	Abandona La Habana, rumbo a México, con su familia, en el bergantín Argos. Escribe la poesía *La partida*, dedicada a su novia Isabel.
Abril 9.	Llega a Veracruz.
Junio 9.	Se encuentra en México, donde su padre toma posesión de la plaza de Alcalde del Crimen de aquella Audiencia.
Junio 21.	Comienza de nuevo la carrera de Leyes, matriculándose en el 1.er Curso, en la Universidad de México.
Septiembre 13.	Publica en el *Noticioso General*, de México, su primer trabajo periodístico firmado con el anagrama Eidareh, inicio de su colaboración en dicho periódico. Termina la primera recopilación de sus poesías que ha llegado hasta nosotros: *Colección de las composiciones de José María Heredia. Cuaderno 2.°* Del Cuaderno 1.° solo se tiene noticia por la mención que hace Heredia en la relación de sus obras que dejó escrita y debió haber contenido la traducción de las *Fábulas* de Florián. Hace la segunda colección de sus poesías: *Ensayos poéticos*, en la que incluye la traducción de las fábulas, dedicada a José Antonio llamos, y otras poesías a Belisa.
Febrero.	Matricula el 29 curso de Leyes en la Universidad de México.
Abril-septiembre.	Traduce en verso suelto el drama *Pirro*, del francés M. P. Jolyot de Crebillon (falta en el original el acto quinto).
Mayo 3.	Escribe la única carta dirigida a su padre que se conoce, en la que le habla de su amor a la libertad y su anhelo de consagrarle algún día «los honrosos y sagrados servicios de ciudadano».

Octubre 19.	Matricula el 3.er curso de Leyes, que no llegó a aprobar.
Octubre 31.	Muere el padre en la ciudad de México.
Noviembre 29.	Publica la biografía de su padre en el periódico *Semanario Político y Literario*.
Diciembre.	Escribe *En el teocalli de Cholula*, con el título de *Fragmentos descriptivos de un poema mexicano*, que la crítica ha considerado la mejor de sus composiciones.
	Hace su tercera colección poética: *Obras poéticas*.
1821.	Febrero. Regresa a La Habana.
Abril 12.	Obtiene el grado de Bachiller en Leyes en la Universidad de La Habana, teniendo como padrino a Domingo del Monte.
Junio.	Edita y dirige su primer periódico literario, *Biblioteca de Damas*, del que solo vieron la luz cinco números. Colabora en diversos periódicos de La Habana y Matanzas. Créese que en este año escribiera la primera de sus poesías inspiradas en el amor a la libertad, *A la insurrección de la Grecia en 1820*, publicada en 1823, y después en 1825 y en 1832, esta última vez con el título de *A los griegos*, en 1821.
1822.	Febrero 16. Es representada en Matanzas su tragedia *Atreo*, vertida del francés de M. P. Jolyot de Crebillon.
Septiembre.	*Versos escritos En una tempestad*, que después tituló *En una tempestad*.
Noviembre.	Se inscribe en la Milicia Nacional de Matanzas, a la que pertenecían los hermanos Teurbe Tolón, los Aranguren, Tomás Gener y Antonio Betaneourt.
	Oda a los habitantes de Anáhuac, su primer canto a la independencia y libertad de América, publicada al final de la obra *Bosquejo ligerísimo de la revolución de México*, desde el grito de Iguala hasta la proclamación imperial de Itúrbide, por Rocafuerte y Bejarano, Filadelfia, 1822, pero impresa en La Habana, según Antonio Bachiller y Morales. Durante este año, y tal vez los últimos meses de 1821, reside en Matanzas. Pertenece a la sociedad secreta revolucionaria Caballeros Racionales, rama de

	los Soles y Bayos de Bolívar, y a La Tertulia, agrupación integrada por racionales.
Marzo 31.	Se anuncia en La Habana por Domingo del Monte la publicación de la primera edición de las poesías de Heredia, en *El Revisor Político y Literario*, suscitando la protesta de Dorilo (Manuel González del Valle) y Desval (Ignacio Valdés Machuca), contra los elogios que hace Del Monte de Heredia y la poesía *El desamor*, de éste, que dio como maestra de buena versificación y lenguaje poético.
Abril.	Sale de Matanzas para La Habana con el propósito de dirigirse a Puerto Príncipe.
Mayo 18.	Llega a Puerto Príncipe.
Junio 9.	Se recibe de Abogado en la Audiencia de Puerto Príncipe, única de la Isla en esa época.
Junio 18.	Se le expide el título de Abogado.
Agosto 8.	Presenta su título al Ayuntamiento de Matanzas para la toma de razón correspondiente.
Septiembre 2.	Se toma razón de su título de Abogado por el Ayuntamiento de La Habana.
Octubre.	*La Estrella de Cuba*, su primera poesía revolucionaria cubana.
Octubre 31.	Es denunciado en Matanzas por conspirar contra el gobierno de España, debido, a delación de sus amigos, también conspiradores, los hermanos Aranguren y Antonio Betancourt, a quienes Heredia inició en los Caballeros Racionales.
Noviembre 5.	Se dicta auto de prisión contra Heredia en la causa de conspiración de los Soles y Rayos de Bolívar.
Noviembre 6.	Se oculta en la casa de José de Arango, padre de Pepilla; la Emilia de su famosa *Epístola*.
	Dirige carta al juez de la causa manifestando que desde hace un año ha dejado de mantener «relaciones íntimas» con los racionales, y agrega: «jamás entró en mi corazón ni la imagen de contribuir yo a encender en mi país la guerra civil».
Noviembre 14.	Huye de Matanzas disfrazado de marinero, a bordo del bergantín Galaxy, hacia Boston.

Diciembre 4.	Llega a Boston, alojándose en la casa de Mrs. Mac Condray, Batler St., número 15.
Diciembre 22	Llega a Nueva York, donde se reúne con Tomás Gener, Félix Várela, Leonardo Santos Suárez y otros cubanos. Reside en la casa número 44 de Broadway.
	Al dorso de una miniatura considerada como el primer retrato conocido de Heredia, y que se conserva en la Biblioteca Nacional de La Habana, aparecía la fecha «Nueva York 1823», sin que haya constancia del lugar y año de dicho retrato.
1824.	Junio 15. Escribe su oda *Niágara*, sentado «al borde de la catarata inglesa», según refiere en su carta, fechada en Manchester, el 17 de ese mes y dirigida a su tío Ignacio.
	Dejó transcrita esa poesía en el libro de autógrafos dedicado a esa maravilla americana. La composición ha sido vertida a varios idiomas, siendo la primera traducción conocida, la inglesa que se le atribuye a William C Bryant, en 1827.
Noviembre.	Comienza a profesar la enseñanza de Lengua Española en el colegio de M. Bancel.
Diciembre 24.	Es condenado a destierro a España en la causa por conspiración para la independencia de Cuba, de los. Soles y Rayos de. Bolívar.
	A Emilia, consagrada a la señorita matancera Pepilla Arango.
	Proyecto.
1825.	Abril 29. Se publica en México su oda patriótica incitando a los cubanos a que se independicen sin esperar auxilio de Colombia:
Junio 19.	Comunica a su madre estar ya en prensa la primera edición de sus poesías, dedicada a su tío Ignacio, edición que fue acogida favorablemente por la crítica europea y americana.
Agosto 22.	Sale de Nueva York: para México, con pasaporte expedido por el presidente Victoria, a sugerencia de Vicente Rócafuerte y del habanero doctor José M. Pérez. En la travesía escribe *Himno del desterrado*; *Vuelta al Sur* e *Himno al Sol*.
Septiembre 25.	Llega al puerto de Alvarado.

Octubre 14.	Llega a Ciudad México.
Octubre 15.	Visita al presidente Guadalupe Victoria.
Diciembre 12 y 13.	Es representada su tragedia *Sila*, adaptación del francés Jouy, que concluyó en la travesía de Nueva York a Alvarado.
1826.	Enero 20. Es nombrado por el Presidente. Oficial 5.º de la Secretaría de Estado y del Despacho de Relaciones Interiores y Exteriores, con residencia en Palacio.
Febrero 4.	Comienza a publicarse el periódico crítico literario *El Iris*, dirigido y redactado por Claudio Linati, Florencio Galli y José M. Heredia. Este último escribe la introducción al primer número, y se separa de la redacción el 17 de junio.
Mayo 28.	Al crearse el Instituto de Ciencias y Artes de México, es nombrado Socio Honorario, encargándosele una composición poética para el acto de la apertura que tuvo efecto el 2 de abril.
Junio 10.	Envía a su madre el primer retrato hecho en México, que debió ser terminado a fines de mayo.
Junio 27.	Es habilitado por el Congreso del Estado de México para ejercer la abogacía.
Agosto 25.	Aparece el prospecto del periódico *El Argos*, dirigido por Heredia.
Diciembre 27.	Lee el presidente Victoria el mensaje de clausura de la legislatura del Congreso Federal, escrito por Heredia.
1827. Enero 8.	Es representada en el Teatro Principal su tragedia *Tiberio*, imitación del francés Chénier, e interpretada por el célebre actor español Andrés Prieto.
Febrero 23.	Nombrado Juez del Distrito de Veracruz, cargo que renunció por la protesta suscitada por su condición de extranjero, aunque el expediente incoado al efecto terminó con un «no ha lugar a formación de causa».
Mayo 25.	Juez de Letras de Cuernavaca.

Septiembre 15.	Contrae matrimonio con Jacoba Yáñez, hija del Magistrado de la Audiencia de México, Isidro Yáñez, amigo del padre de Heredia.
Octubre.	Redacta una exposición al Congreso del Estado de México, que suscriben españoles vecinos de Cuernavaca, en protesta del proyecto de ley de expulsión de españoles, reveladora de sus arraigados sentimientos de humanidad y justicia.
1828.	Septiembre 3. Nace su primera hija, María de las Mercedes, que murió el 22 de julio del siguiente año.
Septiembre 16.	Pronuncia su primer discurso político en Cuernavaca, en conmemoración de esa fecha patriótica mexicana.
Diciembre 15.	Nombrado Fiscal de la Audiencia de México.
1829.	Junio 24. Capitán de la Compañía de Nacionales de Artillería de la ciudad de Tlalpam.
Septiembre.	Se publica el primer número de su revista *Miscelánea*, de crítica y literatura, que duró hasta junio de 1832.
Noviembre 27.	Nace su hija Loreto, que muere en Matanzas en enero de 1910.
Diciembre.	Publica en Tlalpam, *Los últimos romanos*, su postrera obra dramática, que aunque presentada no llegó a estrenarse entonces por suspicacia de las autoridades mexicanas. Se representó por primera vez en Hardman Hall, el 30 de noviembre de 1889, en una velada patriótica a fin de recaudar fondos con destino a comprar la casa natal del poeta, y en la que pronunció José Martí su célebre discurso sobre Heredia.
1830.	Marzo. Pierde la Fiscalía, como consecuencia de su actitud en defensa del sucesor de Victoria, general Vicente Guerrero, contra el cual se sublevó Anastasio Bustamante, logrando ocupar la Presidencia.
Mayo.	Vuelve al juzgado de Cuernavaca.
1831.	Enero 20. Condenado a muerte y confiscación de bienes, por «correspondencia criminal» en la causa por conspiración para la

	independencia de Cuba, de la Gran Legión del Águila Negra, en La Habana.
Febrero 7.	Toma posesión de la plaza de Oidor interino de la Audiencia de Toluca.
Abril 20.	Es nombrado Sinodal para los exámenes de abogados en Toluca.
Junio 1.º	Se publica el primer número de *El Conservador*, del que Heredia es redactor principal y donde libra cívica campaña contra los desafueros del régimen militar imperante.
Julio 25.	Nace su hija Jacoba Francisca Julia, que murió el 17 de mayo de 1835.
Septiembre 16.	Pronuncia en Tabica un discurso en conmemoración de esa efemérides mexicana, que se reproduce profusamente en toda la República. Inicia la publicación de las *Lecciones de Historia Universal*, adaptadas y aumentadas de los *Elementos de Historia*, del inglés Tytler, en cuatro tomos, que terminaron de editarse el año siguiente.
Junio-julio.	Aparece la segunda edición de sus *Poesías*, incluyendo las patrióticas, en dos tomos, compuestas tipográficamente por Heredia y su esposa; edición que no pudo circular en Cuba hasta 1834, y aun entonces mutilada, a consecuencia de la participación que tomó el poeta en el movimiento revolucionario iniciado por Santa Anna, de quien fue secretario durante la campaña.
Febrero 15.	Electo Diputado a la 5.º Legislatura del Estado de México. Su acta es discutida, por no considerarse comprobada su ciudadanía mexicana. Rechazada esa tacha, se le nombra primer Secretario propietario. Participa en numerosos debates en defensa de las leyes, de la Constitución y de la justicia. No obstante ser amigo de Santa Anna, el hombre de mayor influencia en aquellos momentos, se opuso a que se le proclamase «Benemérito de la Patria», por entender que solo a la posteridad correspondían esos actos de glorificación.
Marzo 13.	Nombrado décimo Vocal, de la Suprema Junta Inspectora del Instituto Literario de Toluca.
Marzo 16.	Nombrado segundo Vocal del Instituto Literario.

Marzo 24.	Dirige exposición de agravios al Congreso por el mal comportamiento tenido con él.
Junio.	Renuncia su cargo de Diputado.
Agosto 13.	Remite al Congreso la ponencia del proyecto de Código Penal, que se le había encargado.
Noviembre 6.	Catedrático, de Literatura General y particular, del Instituto Literario, en el cual profesa también la Cátedra de Historia Antigua y Moderna.
Noviembre 29.	Ministro interino de la Audiencia del Estado de México.
	Se publica en tres volúmenes su traducción del inglés de la novela histórica *Waverley o Ahora 60 años*, de Walter Scott.
	Edita y dirige la revista literaria *Minerva*, de la que se publicaron 27 números, según el catálogo de la biblioteca de Andrade.
1834.	Mayo-junio. Redacta un manifiesto, que firman los naturales y vecinos de Toluca, contra el régimen centralista que pretendía establecerse.
Septiembre 5.	Nace su hijo José Francisco, que murió en julio de 1835.
Septiembre 27.	Discurso en la plaza mayor de Toluca en celebración de la independencia mexicana, con vibrantes pronunciamientos liberales y abogando por la paz para lograr el mejoramiento económico y cultural del país.
Octubre 13.	Nombrado director del Colegio del Estado, antiguo Instituto Literario, cargo que acepta el día 20, y abre las cátedras de Jurisprudencia, Gramática Latina, Inglés y Francés.
Octubre 24.	Redacta el Reglamento provisional del Colegio.
1835.	Enero 23. Ministro propietario de la Audiencia de México.
Febrero 5.	Rector del Colegio del Estado. Publica el *Bosquejo de los viajes aéreos de Eugenio Robertson en Europa, los Estados Unidos y las Antillas*, tomándolo y traduciéndolo al español del francés de E. Roch.

1836.	Abril 19. Escribe desde Toluca al capitán general de Cuba, Miguel Tacón, una carta en que le pide autorización para volver a su patria, y le expresa que ante las calamidades presenciadas en México ha modificado mucho sus opiniones respecto a los antiguos ideales independentistas.
Mayo 6.	Nace José de Jesús, que murió en La Habana el 18 de noviembre de 1923, según Figarola Caneda.
Septiembre 16.	Pronuncia su último discurso en Toluca, en rememoración de esa fecha patriótica.
Octubre. 2.	Emprende la ascensión al nevado de Toluca, cuya descripción publica en el *Calendario de las Señoritas Mexicanas* para el año 1838.
Octubre 28.	Embarca en Veracruz, para La Habana, en la fragata inglesa Pandora.
Noviembre 1.	Escribe su oda *Al Océano*.
Noviembre 5.	Llega a La Habana.
Noviembre 6.	Se reúne en Matanzas con su madre, fin primordial de su vuelta a Cuba, a los trece años justos de haberse separado de ella.
1837.	Enero. Por carta a su madre se sabe que ya el día 1.º se encuentra en La Habana, en espera del barco que lo había de conducir a México.
Enero 10.	Escribe a Domingo del Monte, contestándole la carta de 28 de noviembre en que le censuraba su misiva a Tacón, expresándole sus deseos de hablarle sobre el motivo de su viaje.
Enero 12.	Visita a Tacón.
Enero 16.	Embarca para Veracruz en la goleta Carmen.
Febrero 2.	Llega a Toluca.
Julio 20.	Cesa en el cargo de Ministro de la Audiencia de México, por exigir una ley la condición de nativo para desempeñar ese puesto.
Enero 16.	Envía a su madre un ejemplar del retrato grabado por Vergel, que apareció publicado en la revista *Recreo de las Familias*, de México, con un artículo biográfico escrito por E. M. Ortega.

Mayo 7.	Acepta el cargo de Secretario del Tribunal Superior (antigua Audiencia), de la que había sido Magistrado.
Julio 10.	Nace su hija Julia.
Noviembre 23.	Sale para Cuernavaca por prescripción facultativa, enfermo de tuberculosis pulmonar.
1839.	Marzo 30. Ya en Ciudad México se hace cargo de la parte literaria del *Diario del Gobierno de la República Mexicana*, colaboración que termina en 30 de abril por su grave estado de salud.
Mayo 2.	Última carta a su madre.
Mayo.	Escribe sus últimos versos, publicados después con ese título y con los de *Al Santísimo Sacramento*, *A Dios* y *La oración del poeta moribundo*.
Mayo 7.	Muere en la ciudad de México, en la casa número 15 de la calle de Hospicios, a la edad de treinta y cinco años, 4 meses y siete días, y es enterrado ese mismo día en el panteón del Santuario de María Santísima de los Ángeles, trasladándose sus restos al cementerio de Santa Paula, a los cinco años, y posteriormente, por clausura de esta necrópolis, a la fosa común del cementerio de Tepellac.

Soneto

Terrible incertidumbre, angustia fiera,
Que siempre me tenéis atormentado,
Dejad ya descansar un desgraciado,
Que de vosotros compasión espera.

Decidme de una vez si es verdadera   5
La triste suerte de mi padre amado,
De que todos me dicen que encerrado
Está en fluctuante cárcel de madera.

Si acaso fuere falsa la noticia,
Se quitara de mi alma el cruel recelo   10
Que en ella tengo fijo a mi pesar.

Pero si fuere cierta, y no ficticia,
Quiero ver mi desgracia ya sin velo,
Para poderme de ella lamentar.

1810

Las ruinas de Mayquetía

      Pasajero, cualquiera que tú seas,
Que a Mayquetía veas,
No pongas tu atención, no tu cuidado
En este lugar triste y arruinado,
Ni en esos frontispicios,   5
Restos de sus caídos edificios,
Que antes fueron hermosos y habitados,
Y ahora ya derribados
Sirven de madriguera
Al sapo horrible, a la culebra fiera.   10

1815-1816

La desconfianza

Mira, mi bien, cuan mustia y desecada
Del Sol al resplandor está la rosa
Que en tu seno tan fresca y olorosa
Pusiera ayer mi mano enamorada.

Dentro de pocas horas será nada... 5
No se hallará en la tierra alguna cosa
Que a mudanza feliz o dolorosa
No se encuentre sujeta y obligada,

Sigue a las tempestades la bonanza:
Siguen al gozo el tedio y la tristeza... 10
Perdóname si tengo desconfianza

De que dure tu amor y tu terneza:
Cuando hay en todo el mundo tal mudanza,
¿Solo en tu corazón habrá firmeza?

1818

Sáficos. A la prenda de la fidelidad

    Dulce memoria de la prenda mía
Tan grata un tiempo como triste ahora,
áureo cabello, misterioso nudo
    Ven a mi labio.

    ¡Ay! ven, y enjugue su fervor el llanto   5
En que tus hebras inundó mi hermosa,
Cuando te daba al infeliz Fileno
    mísero amante.

    Lágrimas dulces, de mi amor consuelo,
Decidme siempre que mi Lesbia es firme;   10
Decid que nunca romperá su voto
    pérfida y falsa.

    ¡Oh! Cuánto el alma de dolor sentía
Cuánto mi pecho la aflicción rasgaba,
Cuando la hermosa con dolientes ojos   15
    viéndome dijo:

    «¡Siempre, Fileno, de mi amor te acuerdas!
Toma este rizo, que mi frente adorna...
Toma esta Prenda de constancia pura...
    Guárdala fino.»   20

    A donde quiera que la suerte cruda
Me arrastre ¡Oh rizo! seguirame siempre,
Y de mi Lesbia la divina imagen
    pon a mis ojos.

    Tú me recuerdas los felices días   25
De paz y amor, que fugitivos fueron

Cual débil humo de Aquilón al soplo
 tórnase nada.

¡Oh! Cuántas veces su cabello rubio,
Al blando aliento de la fresca brisa,   30
Velón ondeaba, y en feliz desorden
 ¡Vino a mi frente!

La Luna amiga con su faz serena
Mil y mil veces presidió mi dicha...
Memoria dulce de mi bien pasado,   35
 ¡Sé mi delicia!

1819

La partida

Cantata

¡Adiós, amada, adiós! llegó el momento
Del pavoroso adiós... mi sentimiento
Dígate aqueste llanto... ¡ay! ¡el primero
Que me arranca el dolor! ¡Oh, Lesbia mía!
No es tan solo el horror de abandonarte 5
Lo que me agita, sino los temores
De perder tu cariño: sí; la ausencia
Mi imagen borrará, que en vivo fuego
Grabó en tu pecho amor... ¡Eres hermosa,
Y yo soy infeliz...! En mi destierro 10
Viviré entre dolor, y tu cercada
En fiestas mil de juventud fogosa,
Que abrasará de tu beldad el brillo,
Me venderás perjura,
Y en nuevo amor palpitará tu seno, 15
Olvidando del mísero Fileno
La fe constante y el amor sencillo.

    Sumido en pesares,
  y triste y lloroso,
  noticias ansioso 20
  de ti pediré:
  y acaso diránme
  con voz dolorida:
«Tu Lesbia te olvida 25
tu Lesbia es infiel.»

Yo te ofendo, adorada: sí; perdona
A tu amante infeliz estos recelos.
¿Cuándo el que quiso bien no tuvo celos?
Tú sabrás conservar con fiel cariño 30
De tu primer amante la memoria;

No perderás ese candor que te hace
Del cielo amor, y de tu sexo gloria.
¡Lloras! ¡ay! ¡lloras...! ¡Oh fatal momento
De dicha y de dolor! Aquese llanto, 35
Que tu amor me asegura,
Me rasga el corazón... Tu hermosa vida
Anublan los pesares y amargura
Por mi funesto ardor... ¡El cielo sabe
Que con toda la sangre que me anima 40
Comprar quisiera tu inmortal ventura!
Mas, desdichado soy... ¿por qué te uniste
A mi suerte cruel, que ha emponzoñado
De tus años la flor...?

          ¡Adiós, querida...!
¡Adiós...! ¡Ay! apuremos presurosos 45
El cáliz del dolor... Ese pañuelo
Con tus preciosas lágrimas regado,
Trueca por este mío.
Besándolo mil veces, y en sus hilos
Mi llanto amargo uniendo con tu llanto, 50
Daré a mi pena celestial consuelo.
«Lesbia me ama —diré—, y en mi partida
Este llanto vertió... Tal vez ahora
Mi pañuelo feliz besa encendida,
Y le estrecha a su seno 55
Y un amor inmortal jura a Fileno.»

  Piensa en mí, Lesbia divina;
Y si algún amante osado
De tus hechizos prendado,
Quiere robarme tu amor; 60
Pon la vista en el pañuelo
Prenda fiel de la fe mía,

Y di: «cuando se partía,
¡Cuán grande fue su dolor!».

1819

A mi padre en sus días
Romance

Cuando feliz tu familia,
Se dispone, caro padre,
A solemnizar la fiesta
De tus plácidos natales,
Yo, el primero de tus hijos,   5
También primero en lo amante,
Hoy lo mucho que te debo
Con algo quiero pagarte.
¡Oh! ¡cuán gozoso repito
Que tú de todos los padres   10
Has sido para conmigo
El modelo inimitable!
De mi educación el peso
A cargo tuyo tomaste,
Y nunca a manos ajenas   15
Mi tierna infancia fiaste.
Amor a todos los hombres
Temor a Dios me inspiraste,
Odio a la atroz tiranía
Y a las intrigas infames.   20
Oye, pues y los tiernos votos
Que por ti Fileno hace,
Y que de su labio humilde
Hasta el Eterno se parten.
Por largos años el cielo   25
Para la dicha te guarde
De la esposa que te adora,
Y de los hijos amantes.
Puedas ver a tus biznietos
Poco a poco levantarse,   30
Como los verdes renuevos

En que árbol noble renace,
Cuando al impulso del tiempo
La frente sublime abate.
Que en torno tuyo los veas   35
Triscar y regocijarse,
Y entre cariño, y respeto
Inciertos y vacilantes,
Halaguen con labio tierno
Tu cabeza respetable.   40
Deja que los opresores
Osen faccioso llamarte,
Que el odio de los perversos
Da a la virtud más realce.
En vano blanco te hicieron   45
De sus intrigas cobardes
Unos reptiles impuros,
Sedientos de oro y de sangre.
¡Hombres odiosos...! Empero
Tu alta virtud depuraste,   50
Cual oro al crisol descubre
Sus finísimos quilates.
A mis ojos te engrandecen
Esos honrosos pesares,
Y si fueras más dichoso   55
Me fueras menos amable.
De la triste Venezuela
Oye al pueblo cual te aplaude,
Llamándote con ternura
Su defensor y su padre.   60
Vive pues en paz dichosa:
Jamás la calumnia infame
Con hábito pestilente
De tu honor la luz empañe;
Entre tus hijos te vierta   65

Salud bálsamo suave,
Y amor te brinde risueño
Las caricias conyugales.

1819

A Elpino

¡Feliz, Elpino, el que jamás conoce
Otro cielo ni Sol que el de su Patria!
¡Ay, si ventura tal contar pudiera...!

Tú, empero, partes, y a la dulce Patria
Tornas... ¡Dado me fuera   5
Tus pisadas seguir! ¡Oh! ¡cuán gozoso
Tu triste amigo oyera
El ronco son con que la herida playa
Al terrible azotar del Océano
Responde largamente! Sí; la vista   10
De sus ondas fierísimas, hirviendo
Bajo huracán feroz, en mi alma vierte
Sublime inspiración y fuerza y vida.
Yo contigo, sus iras no temiendo,
Al vórtice rugiente me lanzara.   15

¡Oh! ¡cómo palpitante saludara
Las dulces costas de la Patria mía,
Al ver pintada su distante sombra
En el tranquilo mar del mediodía!
¡Al fin llegado al anchuroso puerto,   20
Volando a mi querida,
Al agitado pecho la estrechara,
Y a su boca feliz mi boca unida,
Las pasadas angustias olvidara!

Mas, ¿a dónde me arrastra mi delirio?   25
Partes, Elpino, partes, y tu ausencia
De mi alma triste acrecerá el martirio.
¿Con quién ¡ay Dios! ahora
Hablaré de mi Patria y mis amores,

Y aliviaré, gimiendo, mis dolores?   30
El bárbaro destino
Del Texcoco en las márgenes ingratas
Me encadena tal vez hasta la muerte.
Hermoso cielo de mi hermosa Patria,
¿No tornaré yo a verte?   35
Adiós, amigo: venturoso presto
A mi amante verás... Elpino, díla
Que el mísero Fileno
La amará hasta morir... Díla cual gimo
Lejos de su beldad, y cuántas veces   40
Regó mi llanto sus memorias caras.
Cuéntala de mi frente, ya marchita,
La palidez mortal...
   ¡Adiós, Elpino,
Adiós, y sé feliz! Vuelve a la Patria,   45
Y cuando tu familia y tus amigos
Caricias te prodiguen, no perturbe
Tu cumplida ventura
De Fileno doliente la memoria.
Mas luego no me olvides, y piadoso   50
Cuando recuerdes la tristeza mía,
Un suspiro de amor de allá me envía.

1819

Al concluirse una partida de campo

¡Oh, qué días tan gustosos he pasado
En este campo ameno y delicioso,
Del bullicio del mundo separado,
Y donde nada veo que no sea hermoso!
En pescar y en pasear me he recreado, 5
Y quedándome aquí fuera dichoso.
Pero mi suerte lo contrario ordena,
Y ya me hace ausentar con mucha pena.

Ya, señores, de ustedes me despido,
Y confieso sincera y francamente, 10
Que quisiera mejor no haber venido
Que haberme de volver tan prontamente.
Ocho días muy gustosos he tenido;
Quedarme aquí quisiera eternamente;
Pero no puedo. ¡Qué dolor profundo! 15
¡Ah! no hay gusto completo en este mundo.

1819

Los recelos

¿Por qué, adorada mía,
Mudanza tan cruel? ¿Por qué afanosa
Evitas encontrarme, y si te miro,
Fijas en tierra lánguidos los ojos y
Y triste amarillez nubla tu frente? 5
¡Ay! ¿do volaron los felices días
En que risueña y plácida me vías,
Y tus ardientes ojos me buscaban,
Y de amor y placer me enajenaban?

¡Cuántas veces en medio de las fiestas, 10
De una fogosa juventud cercada,
Me aseguró de tu cariño tierno
Una veloz simpática mirada!
Mi bien, ¿por qué me ocultas
El dardo emponzoñado que desgarra 15
Tu puro corazón...? Mira que llenas
Mi existencia de horror y de amargura:
Dime, dime el secreto que derrama
El cáliz de dolor en tu alma pura.
Mas, ¿aún callas? ¡Ingrata! Ya comprendo 20
La causa de tu afán: ya no me amas,
Ya te cansa mi amor... No, no; ¡perdona!
¡Habla, y hazme feliz...! ¡Ay! yo te he visto,
La bella frente de dolor nublada,
Alzar los ojos implorando al cielo. 25
Yo recogí las lágrimas que en vano
Pretendiste ocultar; tu blanca mano
Estreché al corazón llena de vida
Que por tu amor palpita, y azorada
Me apartaste de ti con crudo ceño: 30
Volví a coger tu mano apetecida,

Sollozando a mi ardor la abandonaste,
Y mientras yo ferviente la besaba,
Bajo mis labios áridos temblaba.
¿Te fingirás acaso 35
Delito en mi pasión? Hermosa mía,
No temas al amor: un pecho helado,
Al dulce fuego del sentir cerrado,
Rechaza la virtud, a la manera
De la peña que en vano 40
Riega a torrentes la afanosa lluvia,
Sin que fecunde su fatal dureza;
Y el amor nos impone
Por ley universal Naturaleza.

   Rosa de nuestros campos, ¡ah! no temas 45
Que yo marchite con aliento impuro
Tu virginal frescor. ¡Ah! ¡te idolatro...!
Eres mi encanto, mi deidad, mi todo.
¡Único amor de mi sencillo pecho!
Yo bajara al sepulcro silencioso 50
Por hacerte feliz... Ven a mis brazos,
Y abandónate a mí; ven, y no temas:
La enamorada tórtola tan solo
Sabe aqueste lugar, lugar sagrado
Ya de hoy más para mí... ¿Su canto escuchas 55
Que en dulce y melancólica ternura
Baña mi corazón...? Déjame, amada,
Sobre tu seno descansar... ¡Ay! vuelve...
Tu rostro con el mío
Une otra vez, y tus divinos labios 60
Impriman a mi frente atormentada
El beso del amor... Ídolo mío,
Tu beso abrasador me turba el alma:
Toca mi corazón cual late ansioso

Por volar hacia ti... deja, adorada,   65
Que yo te estreche en mis amantes brazos
Sobre este corazón que te idolatra
¿Le sientes palpitar? ¿Ves cual se agita
Abrasado en tu amor? ¡Pluguiera al cielo
Que a ti estrechado en sempiterno abrazo   70
Pudiese yo expirar! ¡Gozo inefable!
Aura de fuego y de placer respiro;
Confuso me estremezco:
¡Ay! mi beso recibe... yo fallezco...
Recibe, amada mi postrer suspiro.   75

A la hermosura

Dulce hermosura, de los cielos hija,
Don que los dioses a la tierra hicieron,
Oye benigna de mi tierno labio
    cántico puro.

La grata risa de tu linda boca   5
Es muy más dulce que la miel hiblea:
Tu rostro tiñe con clavel y rosas
    cándido lirio.

Bien cual se mueve nacarada espuma
Del manso mar en los cerúleos campos,   10
Así los orbes del nevado seno
    leves agitas.

El universo cual deidad te adora;
El hombre duro a tu mirar se amansa,
Y dicha juzga que sus ansias tiernas   15
    blanda recibas.

De mil amantes el clamor fogoso,
Y los suspiros y gemir doliente,
Del viento leve las fugaces alas
    rápidas llevan.   20

Y de tu frente alrededor volando
Tus dulces gracias y poder publican:
Clemencia piden; pero tú el oído
    bárbara niegas.

¿Por qué tu frente la dureza nubla?   25
¿El sentimiento la beldad afea?

No; vida, gracia y expresión divina
préstala siempre.

Yo vi también tu seductor semblante,
Y apasionado su alabanza dije 30
En dulces himnos, que rompiendo el aire
férvidos giran.

Mil y mil veces al tremendo carro
De amor me ataste, y con fatal perfidia
Mil y mil veces derramar me hiciste 35
mísero llanto.

Y maldiciendo tu letal hechizo,
Su amor abjuro delirante y ciego;
Mas, ¡ay! en vano que tu bella imagen
sígueme siempre. 40

Si al alto vuelvo la llorosa vista,
En la pureza del etéreo cielo
El bello azul de tus modestos ojos
lánguido miro.

Si miro acaso en su veloz carrera 45
Al astro bello que la luz produce,
El fuego miro que en tus grandes ojos
mórbido brilla.

Es de la palma la gallarda copa
Imagen viva de tu lindo talle; 50
Y el juramento que el furor dictome
fácil abjuro.

Lo abjuro fácil, y en amor ardiendo,

Caigo a tus plantas, y perdón te pido,
Y a suplicar y dirigirte votos 55
   tímido vuelvo.

¡Ay! de tus ojos el mirar sereno
Y una sonrisa de tu boca pura,
Son de mi pecho, que tu amor abrasa,
   único voto. 60

¡Dulce hermosura! mi rogar humilde
Oye benigna, y con afable rostro
Tantos amores y tan fiel cariño
   págame justa.

1820

En el teocalli de Cholula

    ¡Cuánto es bella la tierra que habitaban,
Los aztecas valientes! En su seno
En una estrecha zona concentrados,
Con asombro se ven todos los climas
Que hay desde el Polo al Ecuador. Sus llanos   5
Cubren a par de las doradas mieses
Las cañas deliciosas. El naranjo
Y la piña y el plátano sonante,
Hijos del suelo equinoccial, se mezclan
A la frondosa vid, al pino agreste,   10
Y de Minerva el árbol majestoso.
Nieve eterna corona las cabezas
De Iztaccihual purísimo, Orizaba
Y Popocatepetl, sin que el invierno,
Toque jamás con destructora mano   15
Los campos fertilísimos, do ledo
Los mira el indio en púrpura ligera
Y oro teñirse, reflejando el brillo
Del Sol en occidente, que sereno
En yelo eterno y perennal verdura   20
A torrentes vertió su luz dorada,
Y vio a Naturaleza conmovida
Con su dulce calor hervir en vida.

    Era la tarde; su ligera brisa
Las alas en silencio ya plegaba,   25
Y entre la hierba y árboles dormía,
Mientras el ancho Sol su disco hundía
Detrás de Iztaccihual. La nieve eterna,
Cual disuelta en mar de oro, semejaba
Temblar en torno de él; un arco inmenso   30
Que del empíreo en el cenit finaba,

Como espléndido pórtico del cielo,
De luz vestido y centellante gloria,
De sus últimos rayos recibía
Los colores riquísimos. Su brillo   35
Desfalleciendo fue; la blanca Luna
Y de Venus la estrella solitaria
En el cielo desierto se veían.
¡Crepúsculo feliz! Hora más bella
Que la alma noche o el brillante día,   40
¡Cuánto es dulce tu paz al alma mía!

   Hallábame sentado en la famosa
Cholulteca pirámide. Tendido
El llano inmenso que ante mí yacía,
Los ojos a espaciarse convidaba.   45
¡Qué silencio! ¡Qué paz! ¡Oh! ¿Quién diría
Que en estos bellos campos reina alzada
La bárbara opresión, y que esta tierra
Brota mieses tan ricas, abonada
Con sangre de hombres, en que fue inundada   50
Por la superstición y por la guerra...?

   Bajó la noche en tanto. De la esfera
El leve azul, oscuro y más oscuro
Se fue tornando; la movible sombra
De las nubes serenas, que volaban   55
Por el espacio en alas de la brisa,
Era visible en el tendido llano.
Iztaccihual purísimo volvía
Del argentado rayo de la Luna
El plácido fulgor, y en el oriente,   60
Bien como puntos de oro centellaban
Mil estrellas y mil... ¡Oh! ¡Yo os saludo,
Fuentes de luz, que de la noche umbría

Ilumináis el velo,
Y sois del firmamento poesía! 65

 Al paso que la Luna declinaba,
Y al ocaso fulgente descendía,
Con lentitud la sombra se extendía
Del Popocatepetl, y semejaba
Fantasma colosal. El arco oscuro 70
A mí llegó, cubrióme, y su grandeza
Fue mayor y mayor, hasta que al cabo
En sombra universal veló la tierra.

 Volví los ojos al volcán sublime,
Que, velado en vapores transparentes, 75
Sus inmensos contornos dibujaba
De occidente en el cielo.
¡Gigante del Anáhuac! ¿Cómo el vuelo
De las edades rápidas no imprime
Alguna huella en tu nevada frente? 80
Corre el tiempo veloz, arrebatando
Años y siglos, como el norte fiero
Precipita ante sí la muchedumbre
De las olas del mar. Pueblos y reyes
Viste hervir a tus pies, que combatían 85
Cual hora combatimos, y llamaban
Eternas sus ciudades, y creían
Fatigar a la tierra con su gloria.
Fueron: de ellos no resta ni memoria.
¿Y tú eterno serás? Tal vez un día 90
De tus profundas bases desquiciado
Caerás; abrumará tu gran ruina
Al yermo Anáhuac; alzaránse en ella
Nuevas generaciones, y orgullosas,
Que fuiste negarán... 95

       Todo parece
Por ley universal. Aun este mundo
Tan bello y tan brillante que habitamos,
Es el cadáver pálido y deforme
De otro mundo que fue...[1]   100

       En tal contemplación embebecido
Sorprendióme el sopor. Un largo sueño
De glorias engolfadas y perdidas
En la profunda noche de los tiempos,
Descendió sobre mí. La agreste pompa   110
De los reyes aztecas desplegóse
A mis ojos atónitos. Veía
Entre la muchedumbre silenciosa
De emplumados caudillos levantarse
El déspota salvaje en rico trono,   115
De oro, perlas y plumas recamado;
Y al son de caracoles belicosos
Ir lentamente caminando al templo
La vasta procesión, do la aguardaban
Sacerdotes horribles, salpicados   120
Con sangre humana rostros y vestidos.
Con profundo estupor el pueblo esclavo
Las bajas frentes en el polvo hundía,
Y ni mirar a su señor osaba,
De cuyos ojos férvidos brotaba   125
La saña del poder.

       Tales ya fueron
Tus monarcas, Anáhuac, y su orgullo,
Su vil superstición y tiranía
En el abismo del no ser se hundieron.   130

---

1   La primera versión del poema terminaba en esta estrofa. (N. del E.)

Sí, que la muerte, universal señora,
Hiriendo a par al déspota y esclavo,
Escribe la igualdad sobre la tumba.
Con su manto benéfico el olvido
Tu insensatez oculta y tus furores   135
A la raza presente y la futura.
Esta inmensa estructura
Vio a la superstición más inhumana
En ella entronizarse. Oyó los gritos
De agonizantes víctimas, en tanto   140
Que el sacerdote, sin piedad ni espanto,
Les arrancaba el corazón sangriento;
Miró el vapor espeso de la sangre
Subir caliente al ofendido cielo,
Y tender en el Sol fúnebre velo,   145
Y escuchó los horrendos alaridos
Con que los sacerdotes sofocaban
El grito del dolor.

    Muda y desierta
Ahora te ves, pirámide. ¡Más vale   150
Que semanas de siglos yazcas yerma,
Y la superstición a quien serviste
En el abismo del infierno duerma!
A nuestros nietos últimos, empero,
Sé lección saludable; y hoy al hombre   155
Que ciego en su saber fútil y vano
Al cielo, cual Titán, truena orgulloso,
Sé ejemplo ignominioso
De la demencia y del furor humano.

1820

A los griegos en 1821
Oda

    Jamás puede un tirano
La cadena cargar al pueblo fuerte,
Que enfurecido se alza, lidia, triunfa,
O sufre noble muerte.
¡Pueblos famosos de la antigua Grecia,   5
Vosotros lo decís! En el orgullo
De su inmenso poder jura Darío
A torpe servidumbre someteros,
O a la disolución: estremecida
Yace la tierra, y en silencio yerto   10
Aguarda el yugo en estupor hundida.

    Mas alza Atenas la sublime frente,
E impávida resiste
Al furibundo asolador torrente,
Que en su valor el ímpetu quebranta.   15
¡Campo inmortal de Maratón! Tú viste
De Milcíades magnánimo la gloria;
Y luego en Salamina, y en Platea
Temístocles, Arístides, Pausanias,
Triunfan, y en Grecia truena   20
De libertad el grito y de victoria.

    ¡Tierra de semidioses! ¿Cómo pudo
Cargarte el musulmán la vil cadena,
Que cuatro siglos mísera sufriste?
Raza degenerada,   25
¿No el nombre de Leónidas oíste?
¿O el despotismo audaz ha devorado
Las páginas de luz en que la historia
Consagra los recuerdos

De tu antigua virtud y de tu gloria?

Mirad como se acerca enfurecido
El segundo Mahomet, y precedido
Marcha de sangre y devorante fuego:
En vez de apercibirse, a los combates,
¡Ved cuan pálido tiembla el débil griego!
¡Ignominia! ¡Baldón! Su negro manto
Por Grecia desolada,
Tiende la esclavitud, y el templo santo
Profana el musulmán con sus furores.
Europa consternada se estremece
Cuando la media Luna destructora
A Bizancio domina, y vencedora
Cual fúnebre cometa resplandece.

¿Dónde la Grecia fue? ¿Dónde se oculta
De la brillante Atenas,
Y de la fiera Esparta y de Corinto
El pasado esplendor? Miseria, sangre,
Y muda esclavitud presenta solo
Por cuatro siglos la moderna Grecia.
Sus vírgenes adornan el serrallo
De vil bajá: la yerba solitaria
Crece en el Panteón abandonado.
El viajero, en escombros reclinado,
En vano busca suspirando ahora
La Patria de las ciencias y las artes,
De Roma y de la tierra la instructora.
¡Ay! todo pereció: su triste anhelo
Halla tan solo de la Grecia antigua
El aire puro y refulgente cielo.

Pero amanece del destino el día

Y Grecia es libre ya. Se alzan sus hijos,
Que ha poco la olvidaban,
O en languidez imbécil suspiraban
Por el socorro infiel del extranjero.
Su genio majestuoso, 65
El de Aristógiton y Harmodio fiero,
Deja la tumba, su radiosa frente
En el cabo de Ténaro levanta,
Exclama *¡Libertad!* ardiendo en ira,
Esperanza y ardor al griego inspira, 70
Y al feroz musulmán hiela y espanta.
Los númenes antiguos
Se agitan bajo el mármol mutilado,
Que murmura confuso *¡Guerra! ¡Guerra!*
Cual se oye por los senos de la tierra 75
Vagar trueno profundo y dilatado.

   Ya vuelan por la Grecia estremecida
De ¡Libertad! y ¡Gloria! y de ¡Venganza!
Furibundos clamores:
Levántanse oprimidos y opresores, 80
Y ruge la matanza.
¡Nobles griegos, valor! ¡Que vuestros hijos
Hereden libertad! Con fuerte mano
La barbarie frenad de ese vil pueblo,
Crudo enemigo del linaje humano. 85
No invoquéis a los príncipes de Europa:
De su ambición en el furor celoso,
Los esfuerzos de un pueblo generoso
Con ceño miran y rencor insano.
En un déspota o rey ven un hermano, 90
Y es déspota el sultán... Pero vosotros,
Armados de valor y alta constancia
Sin ellos triunfaréis. Cuando los padres

Al morir en el campo de batalla,
A sus hijos encargan   95
Sangrienta herencia de venganza y gloria,
Aunque la lucha prolongarse puede,
Segura es la victoria.

   Mas ¿qué vago rumor hiere mi oído,
Cual sordo trueno en nube tempestuosa   100
Por los valles dilata su bramido?
¡Ved las sombras augustas de los héroes
Abandonar las tumbas do gemían
Su abandono fatal! Arma sus frentes
Profunda indignación: brillan sus ojos   105
Bien como rayo en la tormenta umbría,
Y en sus diestras armadas
Resplandecen vibrando las espadas.

   «¡Imitadnos —prorrumpen—, o atrevidos
Nuestra gloria eclipsad! La loza abierta   110
Os llama a combatir. La tiranía
Por vuestros campos con aliento impuro
De fuego y sangre verterá un torrente;
Mas no olvidéis que secará la fuente
A un diluvio de lágrimas futuro.   115
¿Cederéis? ¡No! ¡Jamás! Ventura, gloria
Y libertad os guarda la victoria,
Y la derrota esclavitud o muerte.
En vuestros jefes nuestro aliento fuerte
Invisibles pondremos,   120
Y a sus pasos do quier presidiremos.»

   Y os inspiran, caudillos vengadores,
Que al griego conducís a los combates
De ardor sublime y esperanza lleno.

¡Magnánimo Ipsilanti! 125
¡Noble Cantacuzeno!
Haced la independencia de la Grecia,
Y haced su libertad. La Grecia libre
Supo arrostrar de Jerjes y Darío
El inmenso poder: la Grecia esclava 130
Al Musulmán cedió... ¡Lección terrible,
Que aprovechar debéis! Europa entera
Y de la noble América los hijos
Guirnaldas tejen de laurel y rosas
Que os adornen las frentes generosas. 135
Vuestro puro patriótico ardimiento
A nuestros nietos cantará la historia,
Y en el augusto templo de la Gloria
De Washington a par tendréis asiento.

¡Oh! ¿No lo veis? De Grecia las montañas 140
Fuego desolador va recorriendo,
Y el Eurotas sonante y el Pamiso
Escuchan retumbar en sus orillas
De áspera lid el tormentoso estruendo.
El grito ¡Libertad! los aires llena 145
Y el Bósforo agitado
Hasta Bizancio ¡Libertad! resuena.

Del sultán al mortífero decreto
Se lanzan los genízaros... Miradlos
Del griego vengador bajo la espada 150
Desparecer, como al furor del fuego
La yerba de los campos desecada.
Salamina repítese y Platea;
Mas ¿qué valen? ¡Oh Dios! ¿Nunca se agota
El torrente de bárbaros...? ¡Oh! ¡vedlo 155
Cual se renueva sin cesar y corre

Como el flujo feroz del Océano
Violento, asolador, irresistible...!
¡Oh ceguedad funesta, incomprensible
De matar y morir por un tirano! 160

¡Cuánta sangre y furor! Reyes de Europa,
¿Cómo en vuestros oídos
No suenan los tremendos alaridos
Con que asordado el Bósforo retumba?
¡Oh! ¿Ser podréis fríamente espectadores 165
De la lucha de Grecia y sus horrores?
¿Esperáis de ese pueblo generoso
El exterminio...? Refrenad la furia
Del musulmán fanático, y lanzadlo
A los desiertos de Asia, donde viva 170
Sin matar ni oprimir. Aquesta guerra
Útil, noble sagrada,
Aceptarán con gozo las naciones;
Del mundo excitaréis las bendiciones,
Y el culto de la Grecia libertada. 175

¡Ay! mis ojos, ¡oh Grecia vengadora!
Tu gloria no verán. La muerte fiera
De mi edad en la dulce primavera,
Cual flor por el arado atropellada,
Va a despeñarme en la región sombría 180
Del sepulcro fatal. ¡Oh lira mía!
Estos serán los últimos acentos
Que haga salir de ti, mi débil mano.
Mas el hado no heló mi fantasía,
Y en sus alas veloces conducido 185
Vivo en el porvenir. Como un espectro,
Del sepulcro en el borde suspendido,
Dirijo al cielo mi postrero voto

Porque triunfes ioh Grecia! Ya te miro
Lanzar a los tiranos indignada, 190
Y a la alma libertad servir de templo,
Y al mundo escucho que feliz aplaude
Victoria tal y tan glorioso ejemplo.

La inconstancia
           Oda. A don Domingo del Monte

           En aqueste pacífico retiro,
           Lejos del mundo y su tumulto insano
           Doliente vaga tu sensible amigo.
           Tú sabes mis tormentos, y conoces
           A la mujer infiel... ¡Oh! si del alma   5
           Su bella imagen alejar pudiese,
           ¡Cuál fuera yo feliz! ¡Cómo tranquilo
           De amistad en el seno
           Gozara paz y plácida ventura,
           De todo mal y pesadumbre ajeno!   10

           ¡Amor ciego y fatal...! Ahora la tierra
           Encanta con su fresca lozanía.
           Por detrás de los montes enviscados
           El almo Sol en el sereno cielo
           De azul, púrpura y oro arrebolado,   15
           Se alza con majestad: brilla su frente.
           Y la montaña, el bosque, el caserío,
           Relucen a la vez... Salud, ¡oh padre
           Del ser y del amor y de la vida!
           ¿Quién al mirar a ti no siente el alma   20
           Llena de inspiración...? ¡Salve! ¡Tu carro
           Lanza veloz por la celeste esfera,
           Y vida, fuerza y juventud lozana
           Vierta en el mundo tu inmortal carrera!
           Vuela, y muestra glorioso al universo   25
           El almo Dios, que en tu fulgor velado,
           Sin principio ni fin... ¿Por qué mi frente
           Doblase mustia, y en mi rostro corre
           Esta lágrima ardiente? ¿Quién ha helado
           El entusiasmo espléndido y sublime,   30

Que a gozar y admirar me arrebataba?

¡Lesbia! ¡mi único amor! ¿por qué conmigo
De esta escena magnífica no gozas!
Desde el momento en que tu rostro vide,
Desde el momento en que mi amor pagaste,
Gocé tan solo cuando tú gozabas,
Y no gozas conmigo, y ya no gozo.[2]

¿Qué me importa ¡infeliz! el universo,
Si me olvida la infiel? ¡Ay! en la noche
Veré la tierra en esplendor bañada,
Al vislumbrar de la fulgente Luna, 35
Y no seré feliz: no embebecida
El alma sentiré, cual otro tiempo,
En mil cavilaciones deliciosas
De ventura y amor: hoy afligido
Solamente diré: «No mi adorada 40
En tal contemplación embelesada
A mí dirigirá sus pensamientos».
De aquestas cañas a la blanda sombra
Recuerdo triste mi placer pasado,
Y me siento morir: lánguidamente 45
Grabo en el tronco de la tersa caña
De Lesbia el nombre, y en delirio insano
Gimo, y le cubren mis ardientes besos.
Su mano, ¡ay Dios! la mano que amorosa
Mil y mil veces halagó la mía, 50
Hundió el puñal en mi confiado pecho
Con torpe engaño y con mudanza impía.

Heme juguete de la suerte fiera,

---

2   Esta estrofa ha sido omitida en otras ediciones consultadas y aparece en: Heredia, José María, *Poesías completas*, La Habana, Colección histórica cubana y americana, 1940, a cargo de Emilio Roig de Leuchsenring. (N. del E.)

De una pasión tirana subyugado,
Abatido, infeliz, desesperado,   55
El triste espectro de lo que antes era.
¡Oh pérfida mujer! ¡Cómo pagaste
El afecto más fino!
Bajo rostro tan cándido y divino
¿Tan falso corazón pudo velarse?   60
Tú, mi loca pasión ¡ay! halagabas,
Y feliz te dijiste en mis amores.
Aunque el hado tirano
En mi alma tierna y pura
Verter quisiese cáliz de amargura,   65
¿Le debiste ¡infeliz! prestar tu mano?

   Cuando el fatal prestigio con que ahora
La juventud y la beldad te cercan
Haya la parca atroz desvanecido,
Para salvar tu nombre del olvido   70
El triste amor de tu infeliz poeta
Será el único timbre de tu gloria.
La mitad del laurel que orne mi tumba
Entonces obtendrás; y de tus gracias
Y de tu ingratitud y mi tormento   75
Prolongará mi canto la memoria.

   ¡Hermosura fatal! tú disipaste
La brillante ilusión que me ocultaba
La corrupción universal del mundo,
Y la vida y los hombres a mis ojos   80
Presentaste cual son. ¿Dónde volaron
Tanto y tanto placer? ¿Cómo pudiste
Así olvidarte de tu amor primero?
¡Si así olvidase yo...! Mas ¡ay! el alma
Que fina te adoró, falsa, te adora.   85

No vengativo anhelaré que el cielo
Te condene al dolor: sé tan dichosa
Cual yo soy infeliz: mas no mi oído
Hiera jamás el nombre aborrecido
De mi rival, ni de tu voz el eco 90
Torne a rasgar la ensangrentada herida
De aqueste corazón: no a mirar vuelva
Tu celeste ademán, ni aquellos ojos,
Ni aquellos labios do letal ponzoña
Ciego bebí... ¡Jamás! —Y tú en secreto 95
Un suspiro a lo menos me consagra,
Un recuerdo... ¡Ah cruel! No te maldigo,
Y mi mayor anhelo
Es elevarte con mi canto al cielo,
Y un eterno laurel partir contigo. 100

1821

La cifra

Romance

   ¿Aún guardas, árbol querido
La cifra ingeniosa y bella
Con que adornó mi adorada
Tu solitaria corteza?
Bajo tu plácida sombra   5
Me viste evitar con Lesbia
Del fiero Sol meridiano
El ardor y luz intensa.
Entonces ella sensible
Pagaba mi fe sincera   10
Y en ti enlazó nuestros nombres
De inmortal cariño en prenda
Su amor pasó, ¡y ellos duran
Cual dura mi amarga pena...!
Deja que borre el cuchillo   15
Memorias ¡ay! tan funestas.
No me hables de amor: no juntes
Mi nombre con el de Lesbia,
Cuando la pérfida ríe
De sus mentidas promesas   20
Y de un triste desengaño
Al despecho me condena.

1821

A..., en el baile

    ¡Quién hay, mujer divina,
Que al mágico poder de tus encantos
Pueda ya resistir! El alma mía
Se abrasó a tu mirar: entre la pompa
Te contemplé del estruendoso baile,   5
Altiva y majestosa descollando
Entre tanta hermosura,
Cual palma gallardísima y erguida
De la enlazada selva en la espesura.
De tu rosada boca la sonrisa   10
Más grata es ¡ay! que en el ardiente julio
De balsámica brisa el fresco vuelo,
Y tus ojos divinos resplandecen
Como el astro de Venus en el cielo.

    Mas ágil y serena,   15
Al compás de la música sonante
Partes veloz, y mi agitado pecho
Palpita de placer. Cual azucena
Que al soplo regalado
Del aura matinal mueve su frente   20
Que coronó de perlas el rocío,
Así, de gracias y de gloria llena,
Giras ufana, y la expresión escuchas
De admiración y amor, y los suspiros
Que vagan junto a ti; pues electriza   25
A todos y enamora
Tu beldad, tu abandono, tu sonrisa,
Y tu actitud modesta, abrasadora.

    ¡Ay! todos se conmueven:
Sus compañeras tristes, eclipsadas,   30

Se agitan despechadas,
Y ni a mirarla pálidas se atreven.
Ellos arden de amor, y ellas de envidia.
¿Y engaños y perfidia
Se abrigarán en el nevado seno   35
Que hora palpita blandamente, lleno
De celeste candor...? ¡Afortunado
El mortal a quien ames encendida,
A quien halagues tierna y amorosa
Con tu mirar sereno y blanda risa...!   40

   Divina joven, ¿me amarás? ¿quién supo
Amar ¡ay! como yo? Tus ojos bellos
Afable pon en mí; seré dichoso.
En tus labios de rosa el dulce beso
Ansioso cogeré: sobre tu seno   45
Reclinaré mi lánguida cabeza,
¡Y expiraré de amor...!
   ¡Mísero! en vano
Hablo de amor, en ilusión perdido.
¡Ángel de paz! de ti correspondido   50
Nunca ¡infeliz! seré. Mi hado tirano
A estériles afectos me condena.
¡Ay! el pecho se oprime; consternado
Me agito, gimo triste,
Y me siento morir... ¡Dios que me miras,   55
Muévate a compasión mi suerte amarga,
Y alivia ya la insoportable carga
Del corazón ardiente que me diste!

   Tú eres más bella que la blanca Luna
Cuando en noche fogosa del estío,   60
Precedida por brisas y frescura,
En oriente aparece,

Y sube al yermo cielo, y silenciosa
En medio de los astros resplandece.

   Su indigno compañero   65
La lleva entre sus brazos insensible,
Y yerto, inanimado,
Gira en torno de sí los vagos ojos,
Y sus gracias no ve...
   —No más profanes.   70
Insensible mortal, ese tesoro
Que no sabes preciar: ¡huye! mis brazos
Estrecharán al inflamado seno
¡Ese ángel celestial...! —¡Oh! si pudiera
Hacerme amar de ti, como te adoro,   75
¡Cuál fuera yo feliz! ¡Cómo viviera
Del mundo en un rincón, desconocido,
Contigo y la virtud...!
   Mas no, infelice:
Yo de angustia y dolores la llenara;   80
Y en su inocente pecho derramara
La agitación penosa
Que turba y atormenta
Mi juventud ardiente y borrascosa.

   ¡No, mujer adorada!   85
Vive feliz sin mí... Yo generoso
Gemiré y callaré: seré dichoso
Si eres dichosa tú... Benigno el Cielo,
Oiga mis votos férvidos y puros,
Y en tu pecho conserve   90
De inocencia la calma,
La deliciosa paz, la paz del alma,
Que severo y terrible me ha negado,
Cuando me ha condenado

A gemir, y apurar sin esperanza 95
Un doloroso cáliz de amargura,
Y a que nunca me halaguen
Sueños de amor y plácida ventura.

   1821

A mi caballo

Amigo de mis horas de tristeza,
Ven, alíviame, ven. Por las llanuras
Desalado arrebátame, y perdido
En la velocidad de tu carrera,
Olvide yo mi desventura fiera.   5

Huyeron de mi amor las ilusiones
Para nunca volver, de paz y dicha,
Llevando tras de sí las esperanzas.
Corrióse el velo: desengaño impío
El fin señala del delirio mío.   10

¡Oh! ¡cuánto me fatigan los recuerdo!
¡Del pasado placer! ¡Cuánto es horrible
El desierto de una alma desolada,
Sin flores de esperanza ni frescura!
Ya ¿qué la resta? Tedio y amargura.   15

Este viento del sur ¡ay! me devora...
¡Si pudiera dormir...! En dulce olvido,
En pasajera muerte sepultado,
Mi ardor calenturiento se templara,
Y mi alma triste su vigor cobrara.   20

¡Caballo! ¡Fiel amigo! Yo te imploro.
Volemos, ¡ay! Quebrante la fatiga
Mi cuerpo débil: y quizá benigno
Sobre la árida frente de tu dueño
Sus desmayadas alas tienda el sueño.   25

Débate yo tan dulce refrigerio...
Mas otra vez avergonzar me hiciste

De mi insana crueldad, y mi delirio,
Al contemplar mis pies ensangrentados,
Y tus ijares ¡ay! despedazados.   30

   Perdona mi furor: el llanto mira
Que se agolpa a mis párpados... Amigo,
Cuando mis gritos resonar escuches,
No aguardes, no, la devorante espuela:
La crin sacude, alza la frente, y vuela.   35

1821

En mi cumpleaños

        Gustavi ... paululum mellis, et ecce morior.
        1. REG. XIV. 43.

    Volaron ¡ay! del tiempo arrebatados
Ya diez y nueve abriles desde el día
Que me viera nacer, y en pos volaron   5
Mi niñez, la delicia y el tormento
De un amor infeliz...
    Con mi inocencia
Fui venturoso hasta el fatal momento
En que mis labios trémulos probaron   10
El beso del amor... ¡beso de muerte!
¡Origen de mi mal y llanto eterno!
Mi corazón entonces inflamaron
Del amor los furores y delicias,
Y el terrible huracán de las pasiones   15
Mudó en infierno mi inocente pecho,
Antes morada de la paz y el gozo.
Aquí empezó la bárbara cadena
De zozobra, inquietudes, amargura,
Y dolor inmortal a que la suerte   20
Me ató después con inclemente mano.
Cinco años ha que entre tormentos vivo,
Cinco años ha que por doquier la arrastro,
Sin que me haya lucido un solo día
De ventura y de paz. Breves instantes   25
De pérfido placer no han compensado
El tedio y amargura que rebosa
Mi triste corazón, a la manera
Que la luz pasajera
Del relámpago raudo no disipa   30
El horror de la noche tempestuosa.

El insano dolor nubló mi frente,
Do el sereno candor lucir se vía
Y a mis amigos plácido reía,
Marchitando mi faz, en que inocente 35
Brillaba la expresión que Amor inspira
Al rostro juvenil... ¡Cuan venturoso!
Fui yo entonces ¡oh Dios! Pero la suerte
Bárbara me alejó de mi adorada.
¡Despedida fatal! ¡Oh postrer beso! 40
¡Oh beso del amor! Su faz divina
Miré por el dolor desfigurada.
Díjome: ¡adiós!: sus ayes
Sonaron por el viento,
Y: ¡adiós!, la dije en furibundo acento. 45

En Anáhuac mi fúnebre destino
Guardábame otro golpe más severo.
Mi padre, ¡oh Dios! mi padre, el más virtuoso
De los mortales... ¡Ay! la tumba helada
En su abismo le hundió. ¡Triste recuerdo! 50
Yo vi su frente pálida, nublada
Por la muerte fatal... ¡Oh, cuan furioso
Maldije mi existencia,
Y osé acusar de Dios la Providencia!

De mi adorada en los amantes brazos 55
Buscando a mi dolor dulce consuelo,
Quise alejarme del funesto cielo
Donde perdí a mi padre. Moribundo
Del Anáhuac volé por las llanuras,
Y el mar atravesé. Tras él pensaba 60
Haber dejado el dardo venenoso
Que mi doliente pecho desgarraba;

Mas de mi Patria saludé las costas,
Y su arena pisé, y en aquel punto
Le sentí más furioso y ensañado 65
Entre mi corazón. Hallé perfidia,
Y maldad y dolor...
  Desesperado,
De fatal desengaño en los furores,
Ansié la muerte, detesté la vida: 70
¿Qué es ¡ay! la vida sin virtud ni amores?
Solo, insociable, lúgubre y sombrío,
Como el pájaro triste de la noche,
Por doce lunas el delirio mío
Gimiendo fomenté. Dulce esperanza 75
Vislumbróme después: nuevos amores,
Nueva inquietud y afán se me siguieron.
Otra hermosura me halagó engañosa,
Y otra perfidia vil... ¿Querrá la suerte
Que haya de ser mi pecho candoroso 80
Víctima de doblez hasta la muerte?

  ¡Mísero yo! ¿y he de vivir por siempre
Ardiendo en mil deseos insensatos,
O en tedio insoportable sumergido?
Un lustro ha que encendido 85
Busco ventura y paz, y siempre en vano.
Ni en el augusto horror del bosque umbrío,
Ni entre las fiestas y pomposos bailes
Que a loca juventud llenan de gozo,
Ni en el silencio de la calma noche, 90
Al esplendor de la callada Luna,
Ni entre el mugir tremendo y estruendoso
De las ondas del mar hallarlas pude.
En las fértiles vegas de mi Patria
Ansioso me espacié; salvé el Océano, 95

Trepé los montes que de fuego llenos
Brillan de nieve eterna coronados,
Sin que sintiese lleno este vacío
Dentro del corazón. Amor tan solo
Me lo puede llenar: él solo puede   100
Curar los males que me causa impío.

   Siempre los corazones más ardientes
Melancólicos son: en largo ensueño
Consigo arrastran el delirio vano
E impotencia cruel de ser dichosos.   105
El Sol terrible de mi ardiente Patria
Ha derramado en mi alma borrascosa
Su fuego abrasador: así me agito
En inquietud amarga y dolorosa.
En vano, ardiendo, con aguda espuela   110
El generoso volador caballo
Por llanuras anchísimas lanzaba,
Y su extensión inmensa devoraba,
Por librarme de mí: tan solo al lado
De una mujer amada y que me amase   115
Disfruté alguna paz. —Lola divina,
El celeste candor de tu alma pura
Con tu tierna piedad templó mis penas,
Me hizo grato el dolor... ¡Ah! ¡vive y goza,
Sé de Cuba la gloria y la delicia;   120
Pero a mí, ¡qué me resta, desdichado,
Sino solo morir...!
   Doquier que miro
El fortunado amor de dos amantes,
Sus dulces juegos e inocente risa,   125
La vista aparto, y en feroz envidia
Arde mi corazón. En otro tiempo
Anhelaba lograr infatigable

De Minerva la espléndida corona.
Ya no la precio: amor, amor tan solo   130
Suspiro sin cesar, y congojado
Mi corazón se oprime... ¡Cruel estado
De un corazón ardiente sin amores!

¡Ay! ni mi lira fiel, que en otros días
Mitigaba el rigor de mis dolores,   135
Me puede consolar. En otro tiempo
Yo con ágiles dedos la pulsaba,
Y dulzura y placer en mí sentía,
Y dulzura y placer ella sonaba.
En pesares y tedio sumergido,   140
Hoy la recorro en vano,
Y solo vuelve a mi anhelar insano
«Voz de dolor y canto de gemido».

1822

Ausencias y recuerdos

¿Qué tristeza profunda, qué vacío
Siente mi pecho? En vano
Corro la margen del callado río
Que la celeste Lola
Al campo se partió. Mi dulce amiga, 5
¿Por qué me dejas? ¡Ay! con tu partida
En triste soledad mi alma perdida
Verá reabierta su profunda llaga,
Que adormeció la magia de tu acento.
El cielo, a mi penar compadecido, 10
De mi dolor la fiel consoladora
En ti me deparó: la vez primera
(¿Te acuerdas, Lola?) que los dos vagamos
Del Yumurí tranquilo en la ribera y
Me sentí renacer: el pecho mío 15
Rasgaban los dolores.
Una beldad amable, amante, amada
Con ciego frenesí, puso en olvido
Mi lamentable amor. Enfurecido,
Torvo, insociable, en mi fatal tristeza 20
Aún odiaba el vivir: desfigurose
A mis lánguidos ojos la natura,
Pero vi tu beldad por mi ventura,
Y ya del Sol el esplendor sublime
Volviome a parecer grandioso y bello: 25
Volví a admirar de los paternos campos
El risueño verdor. Sí: mis dolores
Se disiparon como el humo leve,
De tu sonrisa y tu mirar divino
Al inefable encanto. 30
¡Ángel consolador! Ya te bendigo
Con tierna gratitud: ¡cuán halagüeña

Mi afán calmaste! De las ansias mías
Cuando serena y plácida me hablabas,
La agitación amarga serenabas, 35
Y en tu blando mirar me embebecías.

   ¿Por qué tan bellos días
Fenecieron? ¡Ay Dios! ¿Por qué te partes?
Ayer nos vio este río en su ribera
Sentados a los dos, embebecidos 40
En habla dulce, y arrojando conchas
Al líquido cristal, mientras la Luna
A mi placer purísimo reía
Y con su luz bañaba
Tu rostro celestial. Hoy solitario, 45
Melancólico y mustio errar me mira
En el mismo lugar quizá buscando
Con tierna languidez tus breves huellas
Horas de paz, más bellas
Que las cavilaciones de un amante, 50
¿Dónde volasteis? —Lola, dulce amiga,
Di, ¿por qué me abandonas,
Y encanta otro lugar tu voz divina?
¿No hay aquí palmas, agua cristalina,
Y verde sombra, y soledad...? Acaso 55
En vago pensamiento sepultada,
Recuerdas ¡ay! a tu sensible amigo.
¡Alma pura y feliz! Jamás olvides
A un mortal desdichado que te adora,
Y cifra en ti su gloria y su delicia. 60
Mas el afecto puro
Que me hace amarte, y hacia ti me lleva,
No es el furioso amor que en otro tiempo
Turbó mi pecho: es amistad. —Do quiera
Me seguirá la seductora imagen 65

De tu beldad. En la callada Luna
Contemplaré la angelical modestia
Que en tu serena frente resplandece:
Veré en el Sol tus refulgentes ojos;
En la gallarda palma la elegancia   70
De tu talle gentil veré en la rosa
El purpúreo color y la fragancia
De la boca dulcísima y graciosa,
Do el beso del amor riendo reposa:
Así do quiera miraré a mi dueño,   75
Y hasta las ilusiones de mi sueño
Halagará su imagen deliciosa.

1822

A Lola en sus días

      Vuelve a mis brazos, deliciosa Lira,
En que de la beldad y los amores
El hechizo canté. Sobrado tiempo
De angustias y dolores
El eco flébil fuera   5
Mi quebrantada voz. ¿Cómo pudiera
No calmar mi agonía
Este brillante día
Que a Lola vio nacer? ¡Cuán deleitosa
Despunta en oriente la luz pura   10
Del natal de una hermosa!
Naciste, Lola, y Cuba
Al contemplar en ti su bello adorno
Aplaudió tu nacer. Tu dulce cuna
Meció festivo amor: tu blanda risa   15
Nació bajo su beso: complacido
La recibió, y en inefable encanto
Y sin igual dulzura
Tus labios inundó: tu lindo talle
De gallarda hermosura   20
Venus ornó con ceñidor divino,
Y, tal vez envidiosa, contemplaba
Tu celestial figura.

    Nace bárbaro caudillo,
  Que con frenética guerra   25
  Debe desolar la tierra,
  Y gime la humanidad.
    Naciste, Lola, y el mundo
  Celebró tu nacimiento,
  Y embelesado y contento   30
  Adoró amor tu beldad.

Feliz aquel a quien afable miras
Que en tu hablar se embebece, y a tu lado
Admira con tu talle delicado
A viva luz de tus benignos ojos.　　　　　　35
¡Venturoso mortal! ¡en cuanta envidia
Mi corazón enciendes...! Lola hermosa,
¿Quién tanta beldad y a tantas gracias
Pudiera resistir, ni qué alma fría
Con la expresión divina de tus ojos　　　　40
No se inflama de amor? El alma mía
Se abrasó a tu mirar... Eres más bella
Que la rosa lozana,
Del Zéfiro mecida
Al primer esplendor de la mañana.　　　　45

　　Si en un tiempo más bello y felice
Tantas gracias hubiera mirado,
¡Ah! tú fueras objeto adorado
De mi fina y ardiente pasión.
　　Mas la torpe doblez, la falsía,　　　　　50
Que mi pecho sensible rasgaron,
En su ciego furor me robaron
Del placer la dichosa ilusión.

　　¡Ángel consolador! Tu beldad sola
El bárbaro rigor de mis pesares　　　　　　55
A mitigar alcanza,
Y en tus ojos divinos
Bebo rayos de luz y de esperanza.
¡Conviértelos a mí siempre serenos,
Abra tus labios plácida sonrisa,　　　　　60
Y embriágame de amor...! Acepta grata
Por tu ventura mis ardientes votos.

¡Ah! tú serás feliz: ¿cómo pudiera
Sumir el cielo en aflicción y luto
Tanta y tanta beldad? Si despiadado   65
El feroz infortunio te oprimiere,
¡ay! ¡no lo mire yo! Baje a la tumba
Sin mirarte infeliz; o bien reciba
Los golpes de la suerte,
Y de ellos quedes libre, y generoso   70
Si eres dichosa tú, seré dichoso.
¿Me oyes, Lola, placentera,
Llena de fuerza y de vida...?
¡Ay! mi juventud florida
El dolor marchita ya.   75
Cuando la muerte me hiera,
Y torne tu día sereno
Acuérdate de Fileno,
Di su nombre suspirando,
Y en torno de ti volando   80
Mi sombra se gozará.

1822

En una tempestad
Oda al huracán

Huracán, huracán, venir te siento
Y en tu soplo abrasado
Respiro entusiasmado
Del Señor de los aires el aliento.

En las alas del viento suspendido 5
Vedle rodar por el espacio inmenso,
Silencioso, tremendo, irresistible
En su curso veloz. La tierra en calma
Siniestra, misteriosa,
Contempla con pavor su faz terrible. 10
¿Al toro no miráis? ¡El suelo escarba
De insoportable ardor sus pies heridos,
La frente poderosa levantando,
Y en la hinchada nariz fuego aspirando
Llama la tempestad con sus bramidos! 15
¡Qué nubes! ¡qué furor! El Sol temblando
Vela en triste vapor su faz gloriosa,
Y su disco nublado solo vierte
Luz fúnebre y sombría,
Que no es noche ni día 20
¡pavoroso color, velo de muerte!
Los pajarillos tiemblan y se esconden
Al acercarse el huracán bramando,
Y en los lejanos montes retumbando
Le oyen los bosques, y a su voz responden. 25

Llega ya... ¿No le veis? ¡Cuál desenvuelve
Su manto aterrador y majestuoso...!
¡Gigante de los aires, te saludo...!
En fiera confusión el viento agita

Las orlas de tu parda vestidura... 30
¡Ved...! en el horizonte
Los brazos rapidísimos enarca,
Y con ellos abarca
Cuanto alcanzo a mirar de monte a monte.

¡Oscuridad universal...! ¡Su soplo 35
Levanta en torbellinos
El polvo de los campos agitados...!
En las nubes retumba despeñado
El carro del Señor, y de sus ruedas
Brota el rayo veloz, se precipita, 40
Hiere y aterra al suelo,
Y su lívida luz inunda el cielo.

¿Qué rumor? ¿Es la lluvia...? Desatada
Cae a torrentes, oscurece el mundo,
Y todo es confusión, horror profundo. 45
Cielo, nubes, colinas, caro bosque,
¿Do estáis...? Os busco en vano:
Desaparecisteis... La tormenta umbría
En los aires revuelve un Océano
Que todo lo sepulta... 50
Al fin, mundo fatal, nos separamos:
El huracán y yo solos estamos.

¡Sublime tempestad! ¡cómo en tu seno
De tu solemne inspiración henchido,
El mundo vil y miserable olvido 55
Y alzo la frente, de delicia lleno!
¿Do está el alma cobarde
Que teme tu rugir...? Yo en ti me elevo
Al trono del Señor: oigo en las nubes
El eco de su voz: siento a la tierra 60

Escucharle y temblar. Ferviente lloro
Desciende por mis pálidas mejillas,
Y su alta majestad trémulo adoro.

1822

Al Sol

    Yo te amo, ¡oh Sol! tú sabes cuán gozoso,
Cuando en las puertas del oriente asomas,
Siempre te saludé. Cuando tus rayos
Nos arrojas fogoso
Desde tu trono en el desierto cielo,   5
Del bosque hojoso entre la sombra grata
Me deleito al bañarme en la frescura
Que los céfiros vierten en su vuelo;
Y me abandono a mil cavilaciones
De inefable dulzura   10
Cuando reclinas la radiosa frente
En las trémulas nubes de occidente.

    Empero el opulento en su delirio
Solo de vicios y maldad ansioso,
Rara vez alza a ti su faz ingrata.   15
Tras el festín nocturno crapuloso
Tu luz sus ojos lánguidos maltrata,
Y tu fuego le ofende,
Tu fuego puro, que en tu amor me enciende.
¡Oh! si el oro fatal cierra las almas   20
A admirar y gozar, yo lo desprecio:
Disfruten otros su letal riqueza.
Y yo contigo mi feliz pobreza.

    ¡Oh! ¡cuánto en el Anáhuac
Por tu ardor suspiré! Mi cuerpo helado   25
Mirábase encorvado
Hacia la tumba oscura.
En el invierno rígido, inclemente,
Me viste, al contemplar tu tibio rayo,
Triste acordarme del fulgor de mayo,   30

Y alzar a ti la moribunda frente.
«¡Dadme», clamaba, «dadme un Sol de fuego,
Y bajo el agua, sombras y verdura,
Y me veréis feliz...!» Tú, Sol, tú solo
Mi vida conservaste: mis dolores 35
Cuan humo al Aquilón desaparecieron,
Cuando en Cuba tus rayos bienhechores
En mi pálida faz resplandecieron.

   Mi Patria... ¡oh Sol...! mi suspirada Cuba,
¿A quién debe su gloria, 40
A quién su eterna virginal belleza?
Solo a tu amor. Del Capricornio al Cáncer
En giro eterno recorriendo el centro,
Jamás de ella te apartas, y a tus ojos
De cocoteros cúbrese y de palmas, 45
Y naranjos preciosos, cuya pompa
Nunca destroza el inclemente yelo.
Tus rayos en sus vegas
Desenvuelven los lirios y las rosas,
Maduran la más dulce de las plantas, 50
Y del café las sales deliciosas.
Cuando en tu ardor vivífico la viertes
Larga fuente de vida y de ventura,
¿No te gozas ¡oh Sol! en su hermosura?

   Mas a veces también por nuestras cumbres 55
Truena la tempestad. Entristecido
Velas tu pura faz, mientras las nubes
Sus negras olas por el aire ardiente
Revuelven con furor, y comprimido
Ruge el rayo impaciente, 60
Estalla, luce, hiere y un diluvio
De viento y agua y fuego se desata

Sobre la tierra trémula, y el caos
Amenaza tornar... Mas no, que lanzas
¡Oh Sol! tu dardo irresistible, y rompe 65
La confusión de nubes y a la tierra
Llega a dar esperanza. Ella con ansia
Le recibe, sonríe, y rebramando
Huye ante ti la tempestad. Mas puro
Centella tu ancho disco en occidente. 70
Respira el mundo paz: bosque y pradera
Se ornan de nuevas galas,
Mientras al cielo con la tierra uniendo
El iris tiende sus brillantes alas.

¡Alma de la Creación! Cuando el Eterno 75
Del primitivo caos
Con imperiosa voz sacó la tierra,
¿Qué fue sin tu presencia? Yermo triste
Do inmóviles reinaban
Frialdad, silencio, oscuridad... Empero 80
La voz omnipotente
Dijo: «¡Enciéndase el Sol!» y te encendiste,
Y brotaste la luz, que en raudo vuelo
Pobló los campos del desierto cielo.

¡Oh! ¡cuán ardiente, al recibir la vida, 85
Al curso eterno te lanzaste luego!
¡Cómo, al sentir tu delicioso fuego,
Se animó la Creación estremecida!
La sombra de los bosques,
El cristal de las aguas, 90
Las brisas y las flores,
Y el rutilante cielo y sus colores
A una mirada tuya parecieron,
Y el placer y la vida

Su germen inmortal desenvolvieron.

 Y esos planetas, tu feliz corona,
Te obedecen también: raudos giraban
Sin órbita ni centro,
Del éter en las vastas soledades.
El Criador soberano sujetólos
A tu poder, y les pusiste rienda,
A tu fuerte atracción los enlazaste,
Y en derredor de ti los obligaste
A que siguiesen inerrable senda.
Y tú sigues la tuya, que eres solo
Criatura como yo, y estrella débil
(Como las que arden por la noche umbría
En el cielo sin nubes), en presencia
De tu Hacedor y mi Hacedor, que eterno,
Omniscio, omnipotente, dirigiendo
Con designios profundos
Tantos millones férvidos de mundos,
Reina en el corazón del universo.

 Espejo ardiente en que el Señor se mira,
Ya nos dé vida en tu fulgor sereno,
Ya con el rayo y espantoso trueno
Al mundo lance su terrible ira;
Gloria del Universo,
Del empíreo señor, padre del día,
¡Sol! oye: si mi mente
Alta revelación no iluminara,
En mi entusiasmo ardiente
A ti, rey de los astros, adorara.

 Así en los campos de la antigua Persia
Resplandeció tu altar; así en el Cuzco

Los incas y su pueblo te acataban.
¡Los incas! ¿Quién, al pronunciar su nombre,
Si no nació perverso,
Podrá el llanto frenar...? Sencillo y puro,
De sus criaturas en la más sublime   130
Adorando al Autor del universo,
Aquel pueblo de hermanos,
Alzaba a ti sus inocentes manos.

  ¡Oh dulcísimo error! ¡Oh Sol! Tú viste
A tu pueblo inocente   135
Bajo el hierro inclemente
Como pálida mies gemir segado.
Vanamente sus ojos moribundos
Por venganza o favor a ti se alzaban:
Tú los desatendías,   140
Y tu carrera eterna proseguías,
Y sangrientos y yertos expiraban.

  1821-1823

La resolución

¿Nunca de blanda paz y de consuelo
Gozaré algunas horas? ¡O terrible
Necesidad de amar...! Del Océano
Las arenosas y desnudas playas
Devoradas del Sol de mediodía   5
Son imagen terrible, verdadera
De mi agitado corazón. En vano
A ellas el padre de la luz envía
Su ardor vivificante, que orna y viste
De fresca sombra y flores el otero.   10
Así el amor, del mundo la delicia,
Es mi tormento fiero.
¿De qué me sirve amar sin ser amado?

¡Ángel consolador, a cuyo lado
Breves instantes olvidé mis penas!   15
Es fuerza huir de ti: tú misma diste
La causa... Me estremezco... Alma inocente,
¡Ay! Curar anhelabas las heridas
Que yo desgarro con furor demente.
La furia del amor entró en mi seno,   20
Y el amargo dulzor de tus palabras,
Y el bálsamo feliz tornó veneno.

Me hablabas tierna: con afable rostro
Y con trémulo acento
La causa de mi mal saber querías,   25
Y la amargura de las penas mías
Templar con tu amistad. ¡Cuánto mi pecho
Palpitaba escuchándote...! Perdido
A feliz ilusión me abandonaba
Y de mi amor el mísero secreto   30

Entre mis labios trémulos erraba.
Alcé al oírte la abatida frente,
Y te miré con ojos do brillaba
La más viva pasión... ¿No me entendiste?
¿No eran bastantes ¡ay! a revelarla   35
Mi turbación, de mi marchito rostro
La palidez mortal...? ¡Mujer ingrata,
Mi delirio cruel te complacía...!
¡Ay! nunca salga de mi ansioso pecho
La fatal confesión: si no me amas,   40
Moriré de dolor, y si me amases...
¡Amarme tú...! Yo tiemblo... Alma divina,
¿Tú amar a este infeliz, que solo puede
Ofrecerte su llanto y la tibieza
De un desecado corazón? ¿Tú, bella   45
Más que la Luna si en el mar se mira,
Unirte a los peligros y pesares
De este triste mortal...? ¡Damas! —Huyamos
De su presencia, donde no me angustie
Su injuriosa piedad... ¡Adiós! Yo quiero   50
Ser inocente y no perderte... Amiga,
Amiga deliciosa, nunca olvides
Al mísero Fileno, que a tu dicha
Sacrifica su amor: él en silencio
Te adorará, gozándose al mirarte   55
Tan feliz como hermosa
Mas nunca ¡oh Dios! te llamará su esposa.

1823

Al salto del Niágara

  Templad mi lira, dádmela, que siento
En mi alma estremecida y agitada
Arder la inspiración. ¡Oh! ¡Cuánto tiempo
En tinieblas pasó, sin que mi frente
Brillase con su luz...! Niágara undoso,   5
Tu sublime terror solo podría
Tornarme el don divino, que ensañada
Me robó del dolor la mano impía.

  Torrente prodigioso, calma, calla
Tu trueno aterrador: disipa un tanto   10
Las tinieblas que en torno te circundan,
Déjame contemplar tu faz serena,
Y de entusiasmo ardiente mi alma llena.
Yo digno soy de contemplarte: siempre
Lo común y mezquino desdeñando,   15
Ansié por lo terrífico y sublime.
Al despeñarse el huracán furioso,
Al retumbar sobre mi frente el rayo,
Palpitando gocé: vi al Océano
Azotado por austro proceloso,   20
Combatir mi bajel, y ante mis plantas
Vórtice hirviente abrir, y amé el peligro.
Mas del mar la fiereza
En mi alma no produjo
La profunda impresión que tu grandeza.   25

  Sereno, corres, majestuoso; y luego
En ásperos peñascos quebrantado,
Te abalanzas violento y arrebatado,
Como el destino irresistible y ciego.
¿Qué voz humana describir podría   30

De la Sirte rugiente
La aterradora faz? El alma mía
En vago pensamiento se confunde
Al mirar esa férvida corriente,
Que en vano quiere la turbada vista   35
En su vuelo seguir al borde oscuro
Del precipicio altísimo: mil olas
Cual pensamiento rápidas pasando,
Chocan y se enfurecen,
Y otras mil y otras mil ya las alcanzan   40
Y entre espuma y fragor desaparecen.

   ¡Ved! illegan, saltan! El abismo horrendo
Devora los torrentes, despeñados:
Crúzanse en él mil iris, y asomados
Vuelven los bosques al fragor tremendo.   45
En las rígidas peñas
Rómpese el agua: vaporosa nube
Con elástica fuerza
Llena el abismo en torbellino, sube,
Gira en torno, y al éter   50
Luminosa pirámide levanta,
Y por sobre los montes que le cercan
Al solitario cazador espanta.

   Mas ¿qué en ti busca mi anhelante vista
Con inútil afán? ¿Por qué no miro   55
Alrededor de tu caverna inmensa
Las palmas ¡ay! las palmas deliciosas
Que en las llanuras de mi ardiente Patria
Nacen del Sol a la sonrisa y crecen,
Y al soplo de las brisas del Océano   60
Bajo un cielo purísimo se mecen?

Este recuerdo a mi pesar me viene...
Nada ¡oh Niágara! falta a tu destino,
Ni otra corona que el aqueste pino
A tu terrible majestad conviene.   65
La palma, y mirto, y delicada Rosa,
Muelle placer inspiran, y ocio blando
En frívolo jardín a ti la suerte
Guardó más digno objeto, más sublime
El alma libre, generosa, fuerte   70
Viene, te ve, se asombra,
El mezquino deleite menosprecia,
Y aun se siente elevar cuando te nombra.

¡Omnipotente Dios! En otros climas
Vi monstruos execrables   75
Blasfemando tu nombre sacrosanto,
Sembrar error y fanatismo impío,
Los campos inundar en sangre y llanto,
De hermanos atizar la infanda guerra,
Y desolar frenéticos la tierra.   80
Vilos, y el pecho se inflamó a su vista
En grave indignación. Por otra parte
Vi mentidos filósofos que osaban
Escrutar tus misterios, ultrajarte,
Y de impiedad al lamentable abismo   85
A los míseros hombres arrastraban.
Por eso te buscó mi débil mente
En la sublime soledad: ahora
Entera se abre a ti; tu mano siente
En esta inmensidad que me circunda,   90
Y tu profunda voz hiere mi seno
De este raudal en el eterno trueno.

¡Asombroso torrente!

¡Cómo, tu vista el ánimo enajena,
Y de terror y admiración me llena!　　　　95
¿Dó tu origen está? ¿Quién fertiliza
Por tantos siglos tu inexhausta fuente?
¿Qué poderosa mano
Hace que al recibirte
No rebose en la tierra el Océano?　　　　100

　　Abrió el Señor su mano omnipotente;
Cubrió tu faz de nubes agitadas,
Dio su voz a tus aguas despeñadas,
Y ornó con su arco tu terrible frente.
¡Ciego, profundo, infatigable corres,　　　　105
Como el torrente oscuro de los siglos
En insondable eternidad...! ¡Al hombre
Huyen así las ilusiones gratas,
Los florecientes días,
Y despierta al dolor! —¡Ay! agostada　　　　110
Yace mi juventud; mi faz marchita,
Y la profunda pena que me agita
Ruga mi frente de dolor nublada.

　　Nunca tanto sentí como este día
Mi soledad y mísero abandono　　　　115
Y lamentable desamor... ¿Podría
En edad borrascosa
Sin amor ser feliz? ¡Oh! ¡si una hermosa
Mi cariño fijase,
Y de este abismo al borde turbulento　　　　120
Mi vago pensamiento
Y ardiente admiración acompañase!
¡Cómo gozara, viéndola cubrirse
De leve palidez, y ser más bella
En su dulce terror, y sonreírse　　　　125

Al sostenerla mis amantes brazos...!
¡Delirios de virtud...! ¡Ay! desterrado,
Sin Patria, sin amores,
Solo miro ante mí llanto y dolores.

 ¡Niágara poderoso!   130
¡Adiós! ¡Adiós! Dentro de pocos años
Ya devorado habrá la tumba fría
A tu débil cantor. ¡Duren mis versos
Cual tu gloria inmortal! ¡Pueda piadoso
Viéndote algún viajero,   135
Dar un suspiro a la memoria mía!
Y al abismarse Febo en occidente
Feliz yo vuele do el Señor me llama,
Y al escuchar los ecos de mi fama
Alce en las nubes la radiosa frente.   140

1824

A Washington

Oda escrita en Monte Vernon

   Primero en paz y en guerra,
Primero en el afecto de tu Patria
Y en la veneración del universo,
Viva imagen de Dios sobre la tierra,
Libertador, legislador y justo,   5
Washington inmortal, oye benigno
El débil canto, de tu gloria indigno,
Con que voy a ensalzar tu nombre augusto.

   ¿Te pintaré indignado
A la voz de la Patria dolorida   10
Volar al arduo campo de la gloria,
Y como Marte en el Olimpo armado
A la suerte mandar y a la victoria?
Magnánimo apareces;
Ríndese Boston, y respira libre.   15
Vanamente el tirano
Cuarenta mil esclavos lanza fiero
Para extirpar el nombre americano.
Tú, sin baldón, al número cediste,
Y acallando el espíritu guerrero,   20
A tu gloria la Patria preferiste.
Así del pueblo eterno los caudillos
Al vencedor Aníbal contemplaron
Con inmutable frente,
Y la invasión rugiente   25
A la Pánica playa rechazaron.

   Mas luego, en noche de feliz memoria,
Del Delaware el vacilante hielo
Ofreció a tu valor y patrio celo

El camino del triunfo y de la gloria.
La soberbia Británica humillada
Es por último en York, y su caudillo
Rinde a tus pies la poderosa espada.
El universo atónito saluda
A la triunfante América, y te adora
Mientras que la Metrópoli sañuda
Tu gloria bella y su baldón devora.
Mas cuando por la paz inútil viste
De libertad la espada en tu alta mano,
El poder soberano
Como insufrible carga depusiste.

   Alzado a la primer magistratura,
De tu Patria la suerte coronaste,
Y en cimientos eternos afirmaste
La paz, la libertad sublime y pura.
De años y gloria y de virtud cargado,
Con mano vencedora
Regir te vieron el humilde arado.
Con Sócrates divino te asentaste
De la fama en el templo,
Y a la virtud, con inmortal ejemplo,
La fe del universo conservaste.

   Cuando en noble retiro,
De oro y de crimen y ambición ajeno
Tu espléndida carrera coronabas
En este bello asilo respirabas
Pobre, modesto, y entre libres libre.
¡Oh Potomac! del orgulloso Tibre
No envidies, no, la delincuente gloria,
Que no recuerda un héroe como el tuyo
Del orbe todo la sangrienta historia.

Por la Francia feroz amenazada
Vuelve a la Patria del peligro el día,
Y en unánime voto al héroe fía
De libertad y América la espada.   65
Los rayos de la gloria
Vuelven a ornar su venerable frente...
Mas, ¡ay! despareció, volando al cielo,
Como de nubes en brillante velo
Hunde el Sol su cabeza en occidente.   70

¡Oh Washington! Protegen tu sepulcro
Las capas de los árboles ancianos
Que plantaron tus manos,
Y lo cubre la bóveda celeste.
Aun el aire que en torno se respira,   75
El que tú respirabas,
Paz y santa virtud al pecho inspira.
En la tumba modesta,
Que guarda tus cenizas por tesoro,
Ni luce el mármol ni centella el oro,   80
Ni entallado laurel ni palmas veo.
¿Para qué, si es un mundo
A tu gloria inmortal digno trofeo?
Con estupor profundo
Por tu genio creador lo miro alzado   85
Hasta la cumbre de moral grandeza;
Potente y con virtud, libre y tranquilo,
Esclavo de las leyes,
Del universo asilo,
Asombro de naciones y de reyes.   90

1824

A Emilia

    Desde el suelo fatal de su destierro
Tu triste amigo, Emilia deliciosa,
Te dirige su voz; su voz que un día
En los campos de Cuba florecientes
Virtud, amor y plácida esperanza   5
Cantó felice, de tu bello labio
Mereciendo sonrisa aprobadora,
Que satisfizo su ambición. Ahora
Solo gemir podrá la triste ausencia
De todo lo que amó, y enfurecido   10
Tronar contra los viles y tiranos
Que ajan de nuestra Patria desolada
El seno virginal. Su torvo ceño
Mostróme el despotismo vengativo,
Y en torno de mi frente, acumulada   15
Rugió la tempestad. Bajo tu techo
La venganza burlé de los tiranos.
Entonces tu amistad celeste, pura,
Mitigaba el horror de las insomnias
De tu amigo proscripto y sus dolores.   20
Me era dulce admirar tus formas bellas
Y atender a tu acento regalado,
Cual lo es al miserable encarcelado
El aspecto del cielo y las estrellas.
Horas indefinibles, inmortales,   25
De angustia tuya y de peligro mío,
¡Cómo volaron! Extranjera nave
Arrebatóme por el mar sañudo,
Cuyas oscuras turbulentas olas
Me apartan ya de playas españolas.   30

    Heme libre por fin: heme distante

De tiranos y siervos. Mas, Emilia,
¡Qué mudanza cruel! Enfurecido
Brama el viento invernal: sobre sus alas
Vuela y devora el suelo desecado 35
El yelo punzador. Espesa niebla
Vela el brillo del Sol, y cierra el cielo,
Que en dudoso horizonte se confunde
Con el oscuro mar. Desnudos gimen
Por doquiera los árboles la saña 40
Del viento azotador. Ningún ser vivo
Se ve en los campos. Soledad inmensa
Reina, y desolación, y el mundo yerto
Sufre el invierno cruel la tiranía.

¿Y es ésta la mansión que trocar debo 45
Por los campos de luz, el cielo puro,
La verdura inmortal y eternas flores
Y las brisas balsámicas del clima
En que el primero Sol brilló a mis ojos,
Entre dulzura y paz...? Estremecido 50
Me detengo, y agólpanse a mis ojos
Lágrimas de furor... ¿Qué importa? Emilia,
Mi cuerpo sufre, pero mi alma fiera
Con noble orgullo y menosprecio aplaude
Su libertad. Mis ojos doloridos 55
No verán ya mecerse de la palma
La copa gallardísima, dorada
Por los rayos del Sol en occidente;
Ni a la sombra de plátano sonante
El ardor burlaré de mediodía, 60
Inundando mi faz en la frescura
Que espira el blando céfiro. Mi oído,
En lugar de tu acento regalado,
O del eco apacible y cariñoso

De mi madre, mi hermana y mis amigas, 65
Tan solo escucha de extranjero idioma
Los bárbaros sonidos: pero al menos
No lo fatiga del tirano infame
El clamor insolente, ni el gemido
Del esclavo infeliz, ni del azote 70
El crujir execrable, que emponzoñan
La atmósfera de Cuba. ¡Patria mía,
Idolatrada Patria! tu hermosura
Goce el mortal en cuyas torpes venas
Gire con lentitud la yerta sangre, 75
Sin alterarse al grito lastimoso
De la opresión. En medio de tus campos
De luz vestidos y genial belleza,
Sentí mi pecho férvido agitado
Por el dolor, como el Océano brama 80
Cuando le azota el norte. Por las noches,
Cuando la luz de la callada Luna
Y del limón el delicioso aroma
Llevado en alas de la tibia brisa
A voluptuosa calma convidaban, 85
Mil pensamientos de furor y sana
Entre mi pecho hirviendo, me nublaban
El congojado espíritu, y el sueño
En mi abrasada frente no tendía
Sus alas vaporosas. De mi Patria 90
Bajo el hermoso desnublado cielo,
No pude resolverme a ser esclavo,
Ni consentir que todo en la Natura
Fuese noble y feliz, menos el hombre.
Miraba ansioso al cielo y a los campos 95
Que en derredor callados se tendían,
Y en mi lánguida frente se veían
La palidez mortal y la esperanza.

Al brillar mi razón, su amor primero
Fue la sublime dignidad del hombre, 100
Y al murmurar de «Patria» el dulce nombre,
Me llenaba de horror el extranjero.
¡Pluguiese al Cielo, desdichada Cuba,
Que tu suelo tan solo produjese
Hierro y soldados! ¡La codicia ibera 105
No tentáramos, no! Patria adorada,
De tus bosques el aura embalsamada
Es al valor, a la virtud funesta.
¿Cómo viendo tu Sol radioso, inmenso,
No se inflama en los pechos de tus hijos 110
Generoso valor contra los viles
Que te oprimen audaces y devoran?

¡Emilia! ¡dulce Emilia! la esperanza
De inocencia, de paz y de ventura
Acabó para mí. ¿Qué gozo resta 115
Al que desde la nave fugitiva
En el triste horizonte de la tarde
Hundirse vio los montes de su Patria?
Por la ¿postrera vez? A la mañana
Alzóse el Sol, y me mostró desiertos 120
El firmamento y mar... ¡Oh! ¡cuan odiosa
Me pareció la mísera existencia!
Bramaba en torno la tormenta fiera
Y yo sentado en la agitada popa
Del náufrago bajel, triste y sombrío, 125
Los torvos ojos en el mar fijando,
Meditaba de Cuba en el destino,
Y en sus tiranos viles, y gemía,
Y de rubor y cólera temblaba,
Mientras el viento en derredor rugía, 130

Y mis sueltos cabellos agitaba.

¡Ay! también otros mártires... ¡Emilia!
Doquier me sigue en ademán severo
Del noble Hernández[3] la querida imagen.
¡Eterna paz a tu injuriada sombra, 135
Mi amigo malogrado! Largo tiempo
El gran flujo y reflujo de los años
Por Cuba pasará, sin que produzca
Otra alma cual la tuya, noble y fiera.
¡Víctima de cobardes y tiranos, 140
Descansa en paz! Si nuestra Patria ciega,
Su largo sueño sacudiendo, llega
A despertar a libertad y gloria,
Honrará, como debe, tu memoria.

¡Presto será que refulgente aurora 145
De libertad sobre su puro cielo
Mire Cuba lucir! Tu amigo, Emilia,
De hierro fiero y de venganza armado,
A verte volverá, y en voz sublime
Entonará de triunfo el himno bello. 150
Mas si en las lides enemiga fuerza
Me postra ensangrentado, por lo menos
No obtendrá mi cadáver tierra extraña,
Y regado en mi féretro glorioso
Por el llanto de vírgenes y fuertes 155
Me adormiré. La universal ternura
Excitaré dichoso, y enlazada
Mi lira de dolores con mi espada,
Coronarán mi noble sepultura.

1824

---

3 Se refiere a Juan José Hernández. Heredia le dedicó una elegía patriótica. (N. del E.)

Himno al Sol, escrito en el Océano

En los yermos del mar, donde habitas,
Alza ¡oh Musa! tu voz elocuente:
Lo infinito circunda tu frente,
Lo infinito sostiene tus pies.
Ven: al bronco rugir de las ondas   5
Une acento tan fiero y sublime,
Que mi pecho entibiado reanime,
Y mi frente ilumine, otra vez.

Las estrellas en torno se apagan,
Se colora de rosa el Oriente,   10
Y la sombra se acoge a Occidente,
Y a las nubes lejanas del Sur:
Y del Este en el vago horizonte,
Que confuso mostrábase y denso,
Se alza pórtico espléndido, inmenso   15
De oro, púrpura, fuego y azur.

¡Vedle ya...! Cuál gigante imperioso
Alza el Sol su cabeza encendida...
¡Salve, padre de luz y de vida,
Centro eterno de fuerza y calor!   20
¡Cómo lucen las olas serenas
De tu ardiente fulgor inundadas!
¡Cuál sonriendo las velas doradas
Tu venida saludan, oh Sol!

De la vida eres padre: tu fuego   25
Poderoso renueva este mundo:
Aun del mar el abismo profundo
Mueve, agita, serena tu ardor.
Al brillar la feliz primavera

Dulce vida recobran los pechos, 30
Y en dichosa ternura deshechos
Reconocen la magia de amor.

Tuyas son las llanuras: tu fuego
De verdura las viste y de flores,
Y sus brisas y blandos olores 35
Feudo son a tu noble poder.
Aún el mar te obedece: sus campos
Abandona huracán inclemente,
Cuando en ellos reluce tu frente
Y la calma se mira volver. 40

Tuyas son las montañas altivas
Que saludan tu brillo primero,
Y en la tarde tu rayo postrero
Las corona de bello fulgor.
Tuyas son las cavernas profundas, 45
De la tierra insondable tesoro,
Y en su seno el diamante y el oro
Reconcentra tu plácido ardor.

Aún la mente obedece tu imperio,
Y al poeta tus rayos animan; 50
Su entusiasmo celeste subliman,
Y te ciñen eterno laurel.
Cuando el éter dominas, y al mundo
Con calor vivificas intenso,
Que a mi seno desciendes yo pienso, 55
Y alto Numen despiertas en él.

¡Sol! Mis votos humildes y puros
De tu luz en las alas envía
Al Autor de tu vida y la mía,

Al Señor de los cielos y el mar. 60
Alma eterna do quiera respira,
Y velado en tu fuego le adoro:
Si yo mismo, ¡mezquino! me ignoro,
¿Cómo puedo su esencia explicar?

A su inmensa grandeza me humillo, 65
Sé que vive, que reina y me ama,
Y su aliento divino me inflama
De justicia y virtud en amor.

¡Ah! si acaso pudieron un día
Vacilar de mi fe los cimientos, 70
Fue al mirar sus altares sangrientos
Circundados por crimen y error.

1825

Vuelta al sur

Vuela el buque: las playas oscuras
A la vista se pierden ya lejos,
Cual de Febo a los vivos reflejos
Se disipa confuso vapor.
Y la vista sin límites corre							5
Por el mar a mis ojos abierto,
Y en el cielo profundo, desierto,
Reina puro el espléndido Sol.

Del aliento genial de la brisa
Nuestras velas nevadas llenamos,							10
Y entre luz y delicia volamos
A los climas serenos del sur.
A tus yelos adiós, norte triste;
De tu invierno finaron las penas,
Y ya siento que hierven mis venas,							15
Prometiéndome fuerza y salud.

¡Salve, cielo del sur delicioso!
Este Sol prodigóme la vida,
Y sus rayos en mi alma encendida
Concentraron hoguera fatal.							20
De mi edad las amables primicias
A tus hijas rendí por despojos,
Y la llama que aún arde en mis ojos
Bien demuestra cuál supe yo amar.

¡Oh recuerdos de paz y ventura!							25
¡Cómo el Sol en tu bello occidente
Inundaba en su luz dulcemente
De mi amada la candida faz!
¡Cómo yo, del naranjo a la sombra,

En su seno mi frente posaba, 30
Y en sus labios de rosa libaba
Del deleite la copa falaz!

¡Dulce Cuba! en tus aras sagradas
La ventura inmolé de mi vida,
Y mirando tu causa perdida, 35
Mis amores y amigos dejé.
Mas tal vez no está lejos el día
(¡Cuál me anima tan bella esperanza!)
En que armado con hierro y venganza
A tus viles tiranos veré. 40

¡Cielo hermoso del sur! Compasivo,
Tú me tornas la fuerza y aliento,
Y mitigas el duro tormento
Con que rasga mi seno el dolor.
Al sentir tu benéfico influjo, 45
No al destino mi labio maldice,
Ni me juzgo del todo infelice
Mientras pueda lucirme tu Sol.

¡Adiós yelos! ¡Oh lira de Cuba!
Cobra ya tu feliz armonía, 50
Y del sur en las alas envía
Himno fiel de esperanza y amor.
Por la saña del norte inclemente
Destrozadas tus cuerdas se miran;
Mas las brisas, que tibias suspiran, 55
Te restauran a vida y vigor.

Yo te pulso, y tus ecos despiertan
En mis ojos marchitos el llanto...
¡Cuál me alivias! Tu plácido encanto

La existencia me fuerza a sentir.   60
¡Lira fiel, compañera querida
En sublime delicia y dolores!
De ciprés y de lánguidas flores
Ya te debes por siempre ceñir.

¡Siempre...! No, que en la lid generosa   65
Tronarás con acento sublime,
Cuando Cuba sus hijos reanime,
Y su estrella miremos brillar.
«¡Libertad!», clamarán, «en su pecho
¡Inflamó de su aliento la llama!»   70
Y si caigo, mi espléndida fama
A los siglos futuros irá.

1825

Oda al cometa de 1825
Que el autor supone ser el mismo que apareció en 1811

Planeta de terror, monstruo del cielo,
Errante masa de perennes llamas
Que iluminas e inflamas
Los desiertos del Éter en tu vuelo;
¿Qué universo lejano
Al sistema solar hora te envía? 5
¿Te lanza del Señor, la airada mano
A que destruyas en tu curso insano
Del mundo la armonía?

¿Cuál es tu origen, astro pavoroso?
El sabio laborioso 10
Para seguirte se fatiga en vano,
Y más allá del invisible Urano
Ve abismarse tu carro misterioso;
¿El influjo del Sol allá te alcanza,
O una funesta rebelión te lanza 15
A ilimitada y férvida carrera?
Bandido inquietable de la esfera,
¿Ningún sistema habitas,
Y tan cerca del Sol te precipitas
Para insultar su majestad severa? 20

Huye su luz, y teme que indignado
A su vasta atracción ceder te ordene,
Y entre Jove y Saturno te encadene,
De tu brillante ropa despojado.
Mas si tu curso con furor completas, 25
Y le hiere tu disco de diamante,
Arrojarás triunfante
Al sistema solar nuevos planetas.

Astro de luz, yo te amo. Cuando mira
Tu faz el vulgo con asombro y miedo,   30
Yo, al contemplarte ledo,
Elévome al Criador; mi mente admira
Su alta grandeza, y tímida le adora.
Y no tan solo ahora
En mi alma dejas impresión profunda.   35
Ya de la noche en el brillante velo,
De mi niñez en los ardientes días,
A mi agitada mente parecías
Un volcán en el cielo.

   El ángel silencioso   40
Que hora inocente dirección te inspira,
Se armará del Señor con la palabra
Cuando del libro del destino se abra
La página sangrienta de su ira.
¡Entonces, furibundo   45
Chocarás con los astros, que lanzados
Volarán de sus órbitas, hundidos
En el éter profundo,
Y escombros abrasados
De mundos destruidos   50
Llevarán el terror a otro sistema...!
Tente, Musa: respeta el velo oscuro
Con que de Dios la majestad suprema,
Envuelve la región de lo futuro.
Tú, cometa fugaz, ardiente vuela,   55
Y a millones de mundos ignorados
Al Hacedor magnífico revela.

1825

Himno del desterrado

Reina el Sol, y las olas serenas
Corta en torno la prora[4] triunfante,
Y hondo rastro de espuma brillante
Va dejando la nave en el mar.
«¡Tierra!» claman; ansiosos miramos
Al confín del sereno horizonte, 5
Y a lo lejos descúbrese un monte...
Le conozco... ¡Ojos tristes, llorad!

Es el Pan...[5] En su falda respiran
El amigo más fino y constante,
Mis amigas preciosas, mi amante... 10
¡Qué tesoros de amor tengo allí!
Y más lejos, mis dulces hermanas
Y mi madre, mi madre adorada,
De silencio y dolores cercada
Se consume gimiendo por mí. 15

Cuba, Cuba, qué vida me diste,
Dulce tierra de luz y hermosura,
¡Cuánto sueño de gloria y ventura
Tengo unido a tu suelo feliz!
¡Y te vuelvo a mirar...! ¡Cuán severo 20
Hoy me oprime el rigor de mi suerte!
La opresión me amenaza con muerte
En los campos do al mundo nací:

Mas, ¿qué importa que truene el tirano?
Pobre, sí, pero libre me encuentro: 25
Sola el alma del alma es el centro:

---
4   Proa en latín. Heredia usa esta palabra en otros poemas. (N. del E.)
5   El Pan de Matanzas es un promontorio ubicado en las inmediaciones de esa ciudad cubana. (N. del E.)

¿Qué es el oro sin gloria ni paz?
Aunque errante y proscripto me miro,
Y me oprime el destino severo,
Por el cetro del déspota ibero
No quisiera mi suerte trocar.

Pues perdí la ilusión de la dicha,
Dame ¡oh gloria! tu aliento divino.
¿Osaré maldecir mi destino,
Cuando puedo vencer o morir?
Aun habrá corazones en Cuba
Que me envidien de mártir la suerte,
Y prefieran espléndida muerte
A su amargo, azaroso vivir.

De un tumulto de males cercado
El patriota inmutable y seguro,
O medita en el tiempo futuro,
O contempla en el tiempo que fue,
Cual los Andes en luz inundados
A las nubes superan serenos,
Escuchando a los rayos y truenos
Retumbar hondamente a su pie.

¡Dulce Cuba! en tu seno se miran
En su grado mas alto y profundo,
La belleza del físico mundo,
Los horrores del mundo moral.
Te hizo el Cielo la flor de la tierra:
Mas tu fuerza y destinos ignoras,
Y de España en el déspota adoras
Al demonio sangriento del mal.

¿Ya qué importa que al cielo te tiendas,

De verdura perenne vestida,
Y la frente de palmas ceñida
A los besos ofrezcas del mar,
Si el clamor del tirano insolente,   60
Del esclavo el gemir lastimoso,
Y el crujir del azote horroroso
Se oye solo en tus campos sonar?

Bajo el peso del vicio insolente
La virtud desfallece oprimida,   65
Y a los crímenes y oro vendida
De las leyes la fuerza se ve.
Y mil *necios*, que *grandes* se juzgan
Con *honores* al peso comprados,
Al tirano idolatran, postrados   70
De su trono sacrílego al pie.

Al poder el aliento se oponga,
Y a la muerte contraste la muerte:
La constancia encadena la suerte;
Siempre vence quien sabe morir.   75
Enlacemos un nombre glorioso
De los siglos al rápido vuelo:
Elevemos los ojos al cielo,
Y a los años que están por venir.

Vale más a la espada enemiga   80
Presentar el impávido, pecho,
Que yacer de dolor en un lecho,
Y mil muertes muriendo sufrir.
Que la gloria en las lides anima
El ardor del patriota constante,   85
Y circunda con halo brillante
De su muerte el momento feliz.

¿A la sangre teméis...? En las lides
Vale más derramarla a raudales,
Que arrastrarla en sus torpes canales 90
Entre vicios, angustias y horror.
¿Qué tenéis? Ni aun sepulcro seguro
En el suelo infelice cubano.
¿Nuestra sangre no sirve al tirano
Para abono del suelo español? 95

Si es verdad que los pueblos no pueden
Existir sino en dura cadena,
Y que el Cielo feroz los condena
A ignominia y eterna opresión,
De verdad tan funesta mi pecho 100
El horror melancólico abjura,
Por seguir la sublime locura
De Washington y Bruto y Catón.

¡Cuba! al fin te verás libre y pura
Como el aire de luz que respiras, 105
Cual las ondas hirvientes que miras
De tus playas la arena besar.
Aunque viles traidores le sirvan,
Del tirano es inútil la saña,
Que no en vano entre Cuba y España 110
Tiende inmenso sus olas el mar.

1825

A Sila

Triunfante Sila, cuyo carro fiero
En las ruedas giró de la fortuna,
La antigua libertad desde tu cuna
Fue tu divinidad, tu amor primero.

Pero la Roma vil en que viviste   5
No era ya la de Curcio y Cincinato
Y Fabricio y Scipión: su pueblo ingrato
Demandaba opresión, y se la diste.

De su antigua virtud sin el tesoro,
El senado magnífico de reyes   10
Que al orbe sometido impuso leyes,
Prostituyó el poder, vendiose al oro.

Roma, víctima inmensa de facciones,
Capaz de esclavitud, no de obediencia,
Enmudeció temblando en tu presencia   15
A fuerza de furor y proscripciones.

No fuiste vil por opresor: en vano
Quisieras libertad: solo veías
Crimen y esclavos. —En tan negros días
Ya hubiera sido como tú, tirano.   20

Con todo tu furor, romano fuiste,
Porque la alzaste al fin libre y señora,
Y con una sonrisa aterradora
Mas que mortal diadema depusiste.

Si tu brazo feroz a Roma oprime,   25
La liberta tu esfuerzo generoso:

Tú no faltaste a tu valor glorioso,
Faltó tu siglo a tu virtud sublime.

Abdicaste el poder. Tu única gloria
Terror profundo en su grandeza inspira, 30
Y a los ojos del mundo que te admira
Aislado te alzas en la vasta historia.

Diste con tanta sangre a los romanos
Saludable lección. Así tu nombre,
Que vivirá inmortal, tremendo asombre 35
A facciosos, cobardes y tiranos.

A la estrella de Venus

  Estrella de la tarde silenciosa,
Luz apacible y pura
De esperanza y amor, salud te digo.
En el mar de Occidente ya reposa
La vasta frente el Sol, y tú en la altura   5
Del firmamento solitaria reinas.
Ya la noche sombría
Quiere tender en diamantado velo,
Y con pálidas tiritas baña el suelo
La blanda luz del moribundo día.   10
¡Hora feliz y plácida, cual bella!
Tú la presides, vespertina estrella.

  Yo te amo, astro de paz. Siempre tu aspecto
En la callada soledad me inspira
De virtud y de amor meditaciones.   15
¡Qué delicioso afecto
Excita en los sensibles corazones
La dulce y melancólica memoria
De su perdido bien y de su gloria!
Tú me la inspiras. ¡Cuántas, cuántas horas   20
Viste brillar serenas
Sobre mi faz en Cuba...! Al asomarse
Tu disco puro y tímido en el cielo,
A mi tierno delirio daba rienda
En el centro del bosque embalsamado,   25
Y por tu tibio resplandor guiado
Buscaba en él mi solitaria senda.

  Bajo la copa de la palma amiga,
Trémula, bella en su temor, velada
Con el mágico manto del misterio,   30
De mi alma la señora me aguardaba.

En sus ojos afables me reían
Ingenuidad y amor: yo la estrechaba
A mi pecho encendido,
Y mi rostro feliz al suyo unido,   35
Su balsámico aliento respiraba.

¡Oh goces fugitivos
De placer inefable! ¡Quién pudiera
Del tiempo detener la rueda fiera
Sobre tales instantes...!   40
Yo la admiraba estático: a mi oído
Muy más dulce que música sonaba
El eco de su voz, y su sonrisa
Para mi alma era luz. ¡Horas serenas,
Cuya memoria cara   45
A mitigar bastara
De una existencia de dolor las penas!

¡Estrella de la tarde! ¡Cuántas veces
Junto a mi dulce amiga me mirabas
Saludar tu venida, contemplarte,   50
Y recibir en tu amorosa lumbre
Paz y serenidad...! Ahora me miras
Amar también, y amar desesperado.
Huir me ves del objeto desdichado
De una estéril pasión, que es mi tormento   55
Con su belleza misma;
Y al renunciar su amor, mi alma se abisma
En el solo y eterno pensamiento
De amarla, y de llorar la suerte impía
Que por siempre separa   60
Su alma bella y pura del alma mía.

1826

A mi amante

    Es medianoche: vaporosa calma
Y silencio profundo
El sueño vierte al fatigado mundo,
Y yo velo por ti, mi dulce amante.
¡En qué delicia el alma   5
Enajena tu plácida memoria!
Único bien y gloria
Del corazón más fino y más constante
¡Cuál te idolatro! De mi ansioso pecho
La agitación lanzaste y el martirio,   10
Y en mi tierno delirio
Lleno de ti contemplo el universo.
Con tu amor inefable se embellece
De la vida el desierto,
Que desolado y yerto   15
A mi tímida vista parecía,
Y cubierto de espinas y dolores.
Ante mis pasos, adorada mía,
Riégalo tú con inocentes flores.

    ¡Y tú me amas! ¡Oh Dios! ¡Cuánta dulzura   20
Siento al pensarlo! De esperanza lleno,
Miro lucir el Sol puro y sereno,
Y se anega mi ser en su ventura.
Con orgullo placer alzo la frente
Antes nublada y triste, donde ahora   25
Serenidad respira y alegría.
Adorada señora
De mi destino y de la vida mía,
Cuando yo tu hermosura
En un silencio religioso admiro,   30
El aire que tú alientas y respiro

Es delicia y ventura.

Si pueden envidiar los inmortales
De los hombres la suerte,
Me envidiarán al verte   35
Fijar en mí tus ojos celestiales
Animados de amor, y con los míos
Confundir su ternura.
O al escuchar cuando tu boca pura
Y tímida confiesa   40
El inocente amor que yo te inspiro:
Por mí exhalaste tu primer suspiro,
Y a mí me diste tu primera promesa.

¡Oh! ¡Luzca el bello día
Que de mi amor corone la esperanza,   45
Y ponga el colmo a la ventura mía!
¡Cómo de gozo lleno,
Inseparable gozaré tu lado,
Respiraré tu aliento regalado,
Y posaré mi faz sobre tu seno!   50
Ahora duermes tal vez, y el sueño agita
Sus tibias alas en tu calma frente,
Mientras que blandamente
Solo por mí tu corazón palpita.
Duerme, objeto divino   55
Del afecto más fino,
Del amor más constante;
Descansa, dulce dueño,
Y entre las ilusiones de tu sueño
Levántese la imagen de tu amante.   60

1827

A mi esposa en sus días

¡Oh! Cuán puro y sereno
Despunta el Sol en el dichoso día
Que te miró nacer. ¡Esposa mía!
Heme de amor y de ventura lleno.

Puerto de las borrascas de mi vida,   5
Objeto de mi amor y mi tesoro,
Con qué afectuosa devoción te adoro,
¡Y te consagro mi alma enternecida!
Si la inquietud ansiosa me atormenta,
Al mirarte recobro   10
Gozo, serenidad, luz y ventura;
Y en apacibles lazos
Feliz olvido en tus amantes brazos
De mi poder funesto la amargura.

Tú eres mi ángel de consuelo   15
Y tu celestial mirada
Tiene en mi alma enajenada
Inexplicable poder.
Como el Iris en el cielo
La fiera tormenta calma   20
Tus ojos bellos del alma
Disipan el padecer.

Y ¿cómo no lo hicieron
Cuando en sus rayos lánguidos respiran
Inocencia y amor? Quieran los cielos   25
Que tu día feliz siempre nos luzca
De ventura y de paz, y nunca turben
Nuestra plácida unión los torpes celos.
Esposa la más fiel y más querida,

Siempre nos amaremos, 30
Y uno en otro apoyado, pasaremos
El áspero desierto de la vida.

   Nos amaremos, esposa,
Mientras nuestro pecho aliente:
Pasará la edad ardiente, 35
Sin que pase nuestro amor.
   Y si el infortunio vuelve
Con su copa de amargura,
Y en mí cargue su furor.

1827

Al Océano

¡Qué! ¡De las ondas el hervor insano
Mece por fin mi lecho estremecido!
¡Otra vez en el Mar...! Dulce a mi oído
Es tu solemne música, Océano.
   ¡Oh! ¡Cuántas veces en ardientes sueños   5
Gozoso contemplaba
Tu ondulación, y de tu fresca brisa
   El aliento salubre respiraba!
Elemento vital de mi existencia,
De la vasta creación mística parte,   10
¡Salve! felice torno a saludarte
Tras once años de ausencia.

   ¡Salve otra vez! A tus volubles ondas
Del triste pecho mío
Todo el anhelo y esperanza fío.   15
A las orillas de mi fértil Patria
Tú me conducirás, donde me esperan
Del campo entre la paz y las delicias,
Fraternales caricias,
Y de una madre el suspirado seno.   20

   ¡Me oyes, benigno Mar! De fuerza lleno,
En el triste horizonte nebuloso,
Tiende sus alas Aquilón fogoso,
Y las bate: la vela estremecida
Cede al impulso de su voz sonora,   25
Y cual flecha del arco despedida,
Corta las aguas la inflexible prora.
Salta la nave, como débil pluma,
Ante el fiero Aquilón que la arrebata
Y en torno, cual rugiente catarata,   30

Hierven montes de espuma.

¡Espectáculo espléndido, sublime
De rumor, de frescura y movimiento:
Mi desmayado acento
Tu misteriosa inspiración reanime! 35
Ya cual mágica luz brillar la siento:
Y la olvidada lira
Nuevos tonos armónicos suspira.
Pues me torna benéfico tu encanto
El don divino que el mortal adora, 40
Tuyas, glorioso Mar, serán ahora
Estas primicias de mi nuevo canto.

¡Augusto primogénito del Caos!
Al brillar ante Dios la luz primera,
En su cristal sereno 45
La reflejaba tu cerúleo seno:
Y al empezar el mundo su carrera,
Fue su primer vagido,
De tus hirvientes olas agitadas
El solemne rugido. 50

Cuando el fin de los tiempos se aproxime,
Y al orbe desolado
Consuma la vejez, tú, Mar sagrado,
Conservarás tu juventud sublime.
Fuertes cual hoy, sonoras y brillantes, 55
Llenas de vida férvida tus ondas,
Abrazarán las playas resonantes
—Ya sordas a tu voz—, tu brisa pura
Gemirá triste sobre el mundo muerto,
Y entonarás en lúgubre concierto 60
El himno funeral de la Natura.

¡Divino esposo de la Madre Tierra!
Con tu abrazo fecundo,
Los ricos dones desplegó que encierra
En su seno profundo.   65
Sin tu sacro tesoro inagotable,
De humedad y de vida,
¿Qué fuera? —Yermo estéril, pavoroso,
De muerte y aridez solo habitado.

Suben ligeros de tu seno undoso   70
Los vapores que, en nubes condensados
Y por el viento alígero llevados,
Bañan la tierra en lluvias deliciosas,
Que al moribundo rostro de Natura
Tornando la frescura,   75
Ciñen su frente de verdor y rosas.

¡Espejo ardiente del sublime cielo!
En ti la Luna su fulgor de plata
Y la noche magnífica retrata
El esplendor glorioso de su velo.   80
Por ti, férvido Mar, los habitantes
De Venus, Marte, o Júpiter, admiran
Coronado con luces más brillantes
Nuestro planeta, que tus brazos ciñen,
Cuando en tu vasto y refulgente espejo   85
Mira el Sol de su hoguera inextinguible
El áureo, puro, vívido reflejo.

¿Quién es, sagrado Mar, quién es el hombre
A cuyo pecho estúpido y mezquino
Tu majestuosa inmensidad no asombre?   90
Amarte y admirar fue mi destino

Desde la edad primera:
De juventud apasionada y fiera
En el ardor inquieto,
Casi fuiste a mi culto noble objeto.   95
Hoy a tu grata vista, el mal tirano
Que me abrumaba, en dichoso olvido
Me deja respirar. Dulce a mi oído
Es tu solemne música, Océano.

Al recibir el retrato de mi madre

Es ella, sí: la veneranda frente
Que adoró mi niñez, de nuevo miro
Con profunda emoción; aunque las huellas
Del tiempo y del dolor tiene grabadas.
He aquí los ojos que mi débil cuna   5
Estáticos velaban, y los labios
Que con tierno cariño tantas veces
En mi pálida frente deponían
El santo beso maternal... Imagen
De la madre mejor y más amada   10
Ven a mis labios, a mi ardiente seno,
Y recibe las lágrimas que brotan
Mis ojos mustios; llanto de ternura
Y acaso de fatal remordimiento.
Sí, madre idolatrada: tus amores   15
Tu anhelo por mi bien infatigable,
Y tus lecciones de virtud sencilla
Desatendí frenético... ¿Qué pago
Recibiste de mí? Dolor y luto.
Precipité mis pasos imprudentes   20
Tras el glorioso, espléndido fantasma
De inaccesible libertad. La ira
De celoso poder me hizo blanco,
Y fulminó tremenda. ¡Cuántas noches
Cuando los ojos de llorar cansados   25
Cerrabas, te mostró la fantasía
Mi sangriento patíbulo! Mi fuga,
Y una separación tal vez eterna,
Calmaron tu terror, no tus pesares.
¡Qué lágrimas ansiosas, de amargura,   30
Te habrá tu primogénito costado,
Prófugo, errante en extranjeros climas,

Donde asentaron su fatal imperio
Feroces odios, ambición tirana,
Y fratricida bárbara discordia!

    Y yo, madre, también tu triste ausencia
Lamento inconsolable. Los prestigios
De mísero poder o fútil gloria
No me embriagaron, ni del pecho ansioso
Borrar pudieron tu sagrada imagen.
De Temis en el templo venerando;
En la silla curul, a que fortuna
Elevome después; en el peligro
Y excitación de bélico tumulto;
Entre los brazos de adorada esposa
O las tiernas caricias de mis hijos,
Recordé tus amores, y brotaba
De mis ardientes labios el suspiro.
Tres años ha que por la vez primera
Desde el trono español se pronunciaron
Los dulces ecos de la paz y olvido.
¡Oh! ¡cómo palpité...! La fantasía
En mágica ilusión mostrome abiertos
Los campos deliciosos de mi Cuba
Y entre sus cocoteros y sus palmas,
Al margen de sus plácidos arroyos,
Con mi familia cara y mis amigos
Me hizo vagar. Al agitado pecho
Pensé estrechar a las hermanas mías,
A mi madre inundar en llanto dulce
De inefable ternura, y en su seno
Deponer a mis hijos... Mas isañudo
Arbitrario poder frustró mis votos;
Que en la opresa, infeliz, hollada Cuba,
De viles siervos abatida sierva,

No es dado el hacer bien ni al mismo trono,
Cuyo querer eluden los caprichos
De Sátrapa insolente...! Se arrastraron
Dos lustros y dos años dolorosos
De expatriación, de lágrimas y luto   70
Y en los hispanos pechos implacable
Arde vivo el rencor...

  Mas a despecho
Del odio suspicaz y la venganza,
Yo, madre, te veré. Cuando benigna   75
Primavera genial restaure el mundo,
Las turbulentas olas del Océano
Hendiremos los dos, y venturoso
Del Hudson en las fértiles orillas
Te abrazaré. Tu imagen venerada   80
Será entretanto mi mayor consuelo.
Mostrándola a mis hijos cada día,
Enseñareles con afán piadoso
A que te amen, respeten y bendigan,
Y oren por ti sus inocentes labios.   85
Ella en este desierto de la vida
Será para mis ojos vacilantes
Astro sublime de virtud. Al verla,
Tus augustos consejos recordando,
Fiel les seré, y a Dios enardecido   90
Elevaré mis incesantes votos
Porque a tus brazos me conduzca. Sea
Báculo a tu vejez tu primer hijo,
Y en asilo rural, feliz oscuro,
Te haga olvidar las anteriores penas   95
Con amantes cuidados y caricias.
Aquesto y nada más, demando al cielo.

Y tú, dulce Agustín, a quien los lazos
De la sangre y amor conmigo unieron,
A quien debo tal don, recibe ahora 100
Mi gratitud. —Si mis humildes versos
Perdona el tiempo audaz, tu caro nombre
Ellos dirán a los futuros siglos,
De piadosa amistad para modelo.

1836

Recuerdo

Despunta apenas la rosada aurora:
Plácida brisa nuestras velas llena;
Callan el mar y el viento, y solo suena
El rudo hendir de la cortante prora.

Ya separado ¡ayme! de mi señora   5
Gimo no más en noche tan serena:
Dulce airecillo, mi profunda pena
Lleva al objeto que mi pecho adora.

¡Oh! ¡Cuántas veces, al rayar el día,
Ledo y feliz de su amoroso lado   10
Salir la Luna pálida me vía!

¡Huye, memoria de mi bien pasado!
¿Qué sirves ya? Separación impía
La brillante ilusión ha disipado.

Para grabarse en un árbol

Árbol, que de Fileno y su adorada
Velaste con tu sombra los amores,
Jamás del Can ardiente los rigores
Dejen tu hermosa pompa marchitada.

Al saludar tu copa embovedada,   5
Palpiten de placer los amadores,
Y celosos frenéticos furores
Nunca profanen tu mansión sagrada.

Adiós, árbol feliz, árbol amado:
Para anunciar mi dicha al caminante   10
Guarde aquesta inscripción tu tronco añoso.

Aquí moró el placer: aquí premiado
Miró Fileno al fin su amor constante:
Sensible amó, le amaron, fue dichoso.

La melancolía

Hoja solitaria y mustia,
Que de tu árbol arrancada,
Por el viento arrebatada
Triste murmurando vas,
¿Do te diriges? —Lo ignoro, 5
De la encina que adornaba
Este prado, y me apoyaba,
Los restos mirando estás.

Bajo su sombra felice
Las zagalas y pastores 10
Cantaban, y sus amores
Contenta escuchaba yo,
Nise; la joven más bella
Que jamás ornó éste prado
Tal vez pensando en su amado, 15
En el tronco se apoyó.

Mas contrastada la encina
Por huracán inclemente
Abatió su altiva frente
Dejándose despojar. 20
Desde entonces cada día
Raudo el viento me arrebata,
Y aunque feroz me maltrata
Ni aun oso quejarme de él.

Voy, de su impulso llevado 25
Del valle a la selva umbrosa,
Do van las hojas de rosa
Y las hojas de laurel.

El Ay de mí

¡Cuán difícil es al hombre
Hallar un objeto amable
Con cuyo amor inefable
Pueda llamarse feliz!

Y si este objeto resulta 5
Frívolo, duro, inconstante
¿Qué resta al mísero amante
Sino exclamar iay de mí!?

El amor es un desierto
Sin límites, abrasado, 10
En que a muy pocos fue dado
Pura delicia sentir.

Pero en sus mismos dolores
Guarda mágica ternura,
Y hay siempre cierta dulzura 15
En suspirar iay de mí!

Oda a la noche
　　　　　　Imitación de Pindemonte[6]

　　Reina la noche: con silencio grave
Gira los sueños en el aire vano;
Cándida, pura, el silencioso llano
Viste la Luna de su luz suave.
¡Hora de paz...! Aquí, do a nadie miro,　　　　　5
En esta cumbre, alzado,
Heme, Señor, del mundo abandonado.

　　¡Cómo embelesa la quietud augusta
De la natura, a la sensible alma
Que oye su voz, y en deleitosa calma　　　　　10
De esta mansión y su silencio gusta!
Grato silencio, que interrumpe el río
Distante murmurando,
O en las hojas el viento susurrando.

　　Ya de la noche con el fresco ambiente　　　15
Gira en lánguidas alas el reposo,
Que vela fiel bajo del cielo umbroso
Y huye la luz del Sol resplandeciente.
Invisible con él y misterioso
En llano y montes yace　　　　　　　　　　20
El bello horror, que contristando place.

　　¡Cómo en el alma estática se imprime
El delicioso y triste pensamiento!
¡Cómo el cuadro feliz que miro atento
Es a par melancólico y sublime!　　　　　　25
¡Ah! su paz de la música prefiero

6　En la edición de Nueva York, 1925, Heredia incluye esta anotación: «Debo esta canción al dulcísimo Pindemonte».

Al eco poderoso
Con que se anima el baile bullicioso.

   Allí en salón soberbio, por do quiera
Terso cristal duplica los semblantes: 30
De oro vestida y perlas y diamantes
Hermosura gentil danza ligera,
Y con sus gracias y afectado hechizo
De mil adoradores
Lleva tras sí los votos y loores.   35

   ¡Admirable es aquesto! Yo algún día,
De la simple niñez salido apenas,
En los bailes magníficos y cenas
De mi amor al objeto perseguía;
Y atesoré con mágica ventura   40
De la Joven amada
Un suspiro fugaz, una mirada.

   Mas ya por los pesares abatido,
Y a languidez y enfermedad ligado,
Muy más me place que salón dorado   45
Este llano en la noche oscurecido;
A la brillante danza prefiriendo
El meditar tranquilo
Bajo este cielo, en inocente asilo.

   ¡Ah! bríllenme por siempre las estrellas   50
En un cielo tan puro como ahora,
Y a la alta mano de mi ser Autora
Puédame yo elevar, viéndola en ellas.
A ti, Dios de los cielos, en la noche
Alzo en humilde canto   55
La dolorosa voz de mi quebranto.

Te saludo también, amiga Luna:
Siempre tierno te amé, reina del cielo:
Siempre fuiste mi hechizo, mi consuelo,
En la adversa y la próspera fortuna. 60
Tú sabes cuantas veces anhelando
Gozar tu compañía,
Maldije el brillo del ardiente día.

Asentado tal vez a las orillas
Del mar, cuyo cristal te retrataba 65
En cavilar dulcísimo pasaba
Las leves horas en que leda brillas;
Y recordando mi nublada gloria,
Miré tu faz serena
Y en tierno llanto desahogué mi pena. 70

¡Mas ay! el pecho con dolor palpita,
Herido ya de consunción tirana,
Y cual tú al esplendor de la mañana,
Palidece mi rostro y se marchita.
Cuando caiga por fin, inunde al menos 75
Esa luz calma y pura
De tu amigo la humilde sepultura...

...Mas, ¿qué canto suavísimo resuena
Del inmediato bosque en la espesura?
Es tu voz, ruiseñor, que de ternura 80
En dulce soledad mi pecho llena.
Siempre te amé, porque debiste al cielo
Genio triste y sombrío,
Tierno y agreste, como el genio mío.

Perezca el que a tu nido te arrebata, 85

Y porque gimas gusta de oprimirte:
¿Por qué no viene como yo a seguirte
Del bosque espeso entre la sombra grata?
Salta libre y feliz de ramo en ramo
En torno de tu nido, 90
Que a nadie quiero esclavo ni oprimido.

  Noche, antigua deidad, que el caos profundo
Produjo antes que al Sol, y al Sol postrero
Has de sobrevivir, cuando severo
El brazo del Señor trastorne el mundo; 95
óyeme: tú serás mientras me dure
Este soplo de vida
Celebrada por mí, de mi querida.

  Antes del primer tiempo, sepultada
Del caos en el vértice yacías: 100
Inspirada tal vez ya preveías
A tu beldad la gloria destinada;
Y ociosa, triste, en el sombroso velo
Tu frente rebozabas,
Y en el futuro imperio meditabas. 105

  A la voz del Criador, del Océano
Reina saliste, el cetro levantando,
De estrellas coronada, desplegando
El manto rico por el éter vano;
Y al mundo silencioso deleitaba 110
En tu frente severa
De la alma Luna la argentada esfera.

  ¡Cuántas altas verdades he aprendido
En tu solemne horror, sublime diosa!
En el silencio de la selva umbrosa 115

¡Cuántas inspiraciones te he debido!
En ti miro al Criador, y arrebatado
De fervoroso anhelo,
Pulso mi lira y me levanto al cielo.

   ¡Salve, gran diosa! en tu apacible seno		120
Déjame consolar y recrearme:
Tu bálsamo feliz puede aliviarme
El triste pecho de dolores lleno.
¡Noche, de los poetas y almas tiernas
Dulce, piadosa amiga,		125
En blanda paz convierte mi fatiga!

Calma en el mar

    El cielo está puro,
La noche tranquila,
Y plácida reina
La calma en el mar.

    En su campo inmenso   5
El aire dormido
La flámula inmóvil
No puede agitar.

    Ninguna brisa
Llena las velas,   10
Ni alza las ondas
Viento vivaz.

    En el Oriente
Débil meteoro
Brilla y disípase   15
Leve, fugaz.

    Su ebúrneo semblante
Nos muestra la Luna,
Y en torno la ciñe
Corona de luz.   20

    El brillo sereno
Argenta las nubes
Quitando a la noche
Su pardo capuz.

    Y las estrellas,   25
Cual puntos de oro,

En todo el cielo
Vense brillar.

Como un espejo
Terso, bruñido,   30
Las luces trémulas
Refleja el mar.

La calma profunda
De aire, mar y cielo
Al ánimo inspira   35
Dulce meditar.

Angustias y afanes
De la triste vida,
Mi llagado pecho
Quiere descansar.   40

Astros eternos
Lámparas dignas
Que ornáis el templo
Del Hacedor.

Sedme la imagen   45
De su grandeza
Que lleve al ánima
Santo pavor.

¡Oh piloto! La nave prepara:
A seguir tu derrota disponte,   50
Que en el puro, lejano horizonte
Se levanta la brisa del sur:
Y la zona que oscura lo ciñe
Cual la luz presurosa se tiende,

Y del mar, cuyo espejo se hiende, 55
Muy más bello parece el azul.

Oda al Sol

    Yo te amo, ¡oh Sol! tú sabes cuán gozoso,
Cuando en las puertas del Oriente asomas,
Siempre te saludé. Cuando tus rayos
Nos arrojas fogoso
Desde tu trono en el desierto cielo,   5
Del bosque hojoso entre la sombra grata
Me deleito al bañarme en la frescura
Que los céfiros vierten en su vuelo;
Y a mil cavilaciones me abandono
De inefable dulzura   10
Cuando reclinas la radiosa frente
En las trémulas nubes de Occidente.

    Empero el opulento en su delirio
Solo de vicios y maldad ansioso,
Rara vez alza a ti su faz ingrata.   15
Tras el festín nocturno, crapuloso
Tu luz sus ojos lánguidos maltrata,
Y tu fuego le ofende,
Tu fuego puro, que en tu amor me enciende.
¡Oh! si el oro fatal cierra las almas   20
A admirar y gozar, yo le desprecio;
Disfruten otros su letal riqueza,
Y yo contigo mi feliz pobreza.

    ¡Oh! ¡Cuánto en el Anahuac
Por tu ardor suspiré! Mi cuerpo helado   25
Mirábase encorvado
Hacia la tumba oscura:
En el invierno rígido, inclemente,
Me viste, al contemplar tu tibio rayo,
Triste acordarme del fulgor de mayo,   30

Y alzar a ti la moribunda frente.
«¡Dadme —clamaba— dadme un Sol de fuego
Y bajo el agua, sombras, y verdura,
Y me veréis feliz...!» Tú, Sol, tú solo
Mi vida conservaste: mis dolores   35
Cual humo al Aquilón desparecieron,
Cuando en Cuba tus rayos bienhechores
En mi pálida faz resplandecieron.

Mi Patria... ¡Oh Sol! Mi suspirada Cuba
¿A quién debe su gloria,   40
A quién su eterna, virginal belleza?
Solo a tu amor. Del Capricornio al Cáncer
En giro eterno recorriendo el cielo,
Jamás de ella te apartas, y a tus ojos
De cocoteros cúbrese y de palmas,   45
Y naranjos preciosos, cuya pompa
Nunca destroza el inclemente hielo:
Tus rayos en sus vegas
Desenvuelven los lirios y las rosas,
Maduran la más dulce de las plantas,   50
Y del café las sales deliciosas.
Cuando en tu ardor vivífico las viertes
Larga fuente de vida y de ventura
¿No te gozas, ¡oh Sol! en su hermosura?

Mas a veces también por nuestras cumbres   55
Truena la tempestad. Entristecido
Velas tu pura faz, mientras las nubes
Sus negras olas por el aire ardiente
Revuelven con furor, y comprimido
Ruge el rayo impaciente,   60
Estalla, luce, hiere, y un diluvio
De viento y agua y fuego se desata

Sobre la tierra trémula, y el caos
Amenaza tornar... Mas no, que lanzas
¡oh Sol! tu dardo irresistible, y rompe 65
La confusión de nubes y a la tierra
Llega a dar esperanza. Ella anhelante
Le recibe, sonríe, y rebramando
Huye ante ti la tempestad: más puro
Centella tu ancho disco en occidente. 70
Respira el mundo paz: bosque y pradera
Se ornan de nuevas galas,
Mientras al cielo con la tierra uniendo
El iris tiende sus brillantes alas.
¡Alma de la creación! Cuando el Eterno 75
Del primitivo caos
Con imperiosa voz sacó la tierra,
¿Qué fue sin tu presencia? Yermo triste,
Do inmóviles reinaban
Frialdad, silencio, oscuridad... Empero 80
La voz Omnipotente
Dijo: ¡enciéndase el Sol! y te encendiste,
Y brotaste la luz, que en raudo vuelo
Pobló los campos del desierto cielo.

   ¡Oh! ¡Cuán ardiente, al recibir la vida 85
Al curso eterno te lanzaste luego!
¡Cómo al sentir tu delicioso fuego,
Se animó la creación estremecida!
La sombra de los bosques,
El cristal de las aguas, 90
Las brisas y las flores,
Y el rutilante cielo y sus colores
A una mirada tuya parecieron,
Y el placer y la vida
Su germen inmortal desenvolvieron. 95

    Y esos planetas, tu feliz corona,
Te obedecen también: raudos giraban
Sin órbita ni centro
Del éter en las vastas soledades.
El Criador soberano sujetolos   100
A tu poder; y les pusiste rienda,
A tu fuerte atracción los enlazaste,
Y en derredor de ti los obligaste
A que siguiesen inerrable senda.

    Y tú sigues la tuya, que eres solo   105
Criatura como yo y estrella débil
(como las que arden por la noche umbría
En el cielo sin nubes) en presencia
De tu Hacedor y mi Hacedor, que eterno,
Omniscio, omnipotente, dirigiendo   110
Con designios profundos
Tantos millones férvidos de mundos,
Reina en el corazón del universo.

    Espejo ardiente en que el Señor se mira,
Ya nos dé vida en tu fulgor sereno,   115
Ya con el rayo y espantoso trueno
Al mundo lance su terrible ira;
Gloria del Universo,
Del empíreo señor, padre del día,
¡Sol! oye: si mi mente   120
Alta revelación no iluminara,
En mi entusiasmo ardiente
A ti, rey de los astros, adorara.

El arco iris

    Arco sublime de triunfo
Que adornas el vasto cielo
Cuando su confuso velo
Recoge la tempestad;
    No al oráculo severo   5
De la alma filosofía
Pregunta la mente mía
La causa de tu beldad.

    Paréceme como en tiempo
De mi niñez deliciosa,   10
Cuando tu frente radiosa
Parábame a contemplar;
Y estación te imaginaba
Para que entre tierra y cielo
Descansara de su vuelo   15
Del justo el alma inmortal.

    ¿Pueden los ópticos fríos
Explicar tu forma bella
Para agradarme con ella
Cual mi ignorancia feliz?   20
En lluvia fugaz convierten
El espléndido tesoro
De perlas, púrpura y oro,
Que ardiente soñaba en ti.

    Cuando a natura la ciencia   25
Quita el misterioso encanto,
¡cuánto disminuye, cuánto
El brillo de su beldad!
¡Cuál ceden a yertas leyes

Mil deliciosas visiones! 30
¡Cuán plácidas ilusiones
Miramos, ¡ay! disipar!

Pero el mismo Omnipotente
Nos revela, arco divino,
Tu origen y tu destino 35
Con su palabra inmortal,
Al dibujarse tu frente
En el cielo y mar profundo,
Al cano Padre del mundo
Fuiste sagrada señal. 40

Cuando tras fiero diluvio
La verde tierra te amaba,
Cada madre a su hijo alzaba
A ver el arco de Dios.
El campo te daba incienso, 45
Y aroma puro la brisa,
Cuando en tu luz la sonrisa
Del cielo resplandeció.

Y como entonces brillabas,
Sereno brillas ahora, 50
Y cual del mundo la aurora,
Su fin tremendo verás:
Que Dios, fiel a su promesa,
Intacta guarda tu gloria,
Para perpetua memoria 55
De que a la tierra dio paz.

De la música primera
Sonó en tu honor el acento,
Y del primer poeta el viento

Oyó la mágica voz.   60
Sigue pues siendo mi tema,
Símbolo de la esperanza,
Fiel monumento de alianza
Entre los hombres y Dios.

La caída de las hojas

De otoño el viento la tierra
Llenaba de hojas marchitas,
Y en el valle solitario
Mudo el ruiseñor yacía.

Solo y moribundo un joven   5
Lentamente recorría
El bosque donde jugaba
En sus niñeces floridas.

«Adiós, adorado bosque,
Voy a morir, le decía,   10
Y mi fin desventurado
Tus hojas ¡ay! vaticinan.

La enfermedad que mi seno
Está devorando impía,
Pálido, cual flor de otoño,   15
Hacia el sepulcro me inclina.

Apenas breves instantes
Disfruté la dulce vida,
Y siento mi primavera
Cual sueño desvanecida.   20

Caed, efímeras hojas
Y por el suelo tendidas,
A mi desolada madre
Ocultad mi tumba fría.

Mas si mi amante velada   25
Viene en la tarde sombría

A llorar en mi sepulcro,
Agitándoos conmovidas,
Despertad mi triste sombra
Y su fiel llanto reciba.» 30

   Dijo, ¡y partió... para siempre!
Murió, y al tercero día
La sepultura le abrieron
Debajo la árida encina.

   Su madre (¡ay! por poco tiempo) 35
Vino a llorarle afligida;
Pero no su infiel amante
Como el infeliz creía.

   Solo del pastor los pasos
En aquella selva umbría 40
Perturban hoy el silencio
En torno de sus cenizas.

Oda

¡Alma del universo, Poesía!
Tu aliento vivifica, y semejante
Al soplo abrasador de los desiertos,
En su curso veloz todo lo inflama.
¡Feliz aquel que la celeste llama   5
Siente en su corazón! Ella le eleva
Al bien, a la virtud: ella a su vista
Hace que rían las confusas formas
Del gozo por venir: contra el torrente
Del infortunio bárbaro le escuda,   10
Haciéndole habitar entre los seres
De su creación; con alas encendidas
Osada le arma, y vuela
Al invisible mundo,
Y los misterios de su horror profundo   15
A los hombres atónitos revela.

¡Sublime inspiración! ¡oh! ¡cuántas horas
De inefable deleite
Concediste benigna al pecho mío!
En las brillantes noches del estío   20
Grato es romper con la sonante prora,
Largo rastro de luz tras sí dejando,
Del mar las ondas férvidas y oscuras;
Grato es trepar los montes encumbrados,
O a caballo volar por las llanuras.   25
Pero a mi alma fogosa es muy más grato
Dejarme arrebatar por tu torrente,
Y ornada en rayos la soberbia frente,
Escuchar tus oráculos divinos,
Y repetirlos; como en otro tiempo   30
De Apolo a la feliz sacerdotisa

Grecia muda escuchaba,
Y ella de sacro horror se estremecía,
Y el fatídico acento repetía
Del dios abrasador que la agitaba. 35

   Hay un genio, un espíritu de vida
Que llena el universo: él es quien vierte
En las bellas escenas de natura
Su gloria y majestad: él quien envuelve
Con su radioso manto a la hermosura 40
Y da a sus ojos elocuente idioma,
Y música a su voz: él quien la presta
El hechizo funesto, irresistible,
Que embriaga y enloquece a los mortales
En su sonrisa y su mirar: él sopla 45
Del mármol yerto las dormidas formas,
Y las anima, si el cincel las hiere.
Él en Fedra, en Tancredo, y en Zoraida
Nos despedaza el corazón: o blando
Con Anacreón y Tíbulo y Meléndez 50
Del deleite amoroso nos inspira
La languidez dulcísima: o tronando
Nos arrebata en Píndaro y Herrera
Y el ilustre Quintana, a las alturas
De la virtud sublime y de la gloria. 55
Por él Homero al furibundo Aquiles
Hace admirar, Torcuato a su Clorinda,
Y Milton, más que todos elevado,
A su ángel fiero, de diamante armado.

   Por do quiera este espíritu reside; 60
Mas invisible. Del etéreo cielo
Baja y se manifiesta a los mortales
En la nocturna lluvia y en el trueno.

Allí le he visto yo: tal vez sereno
Vaga en la luz del Sol, cuando este inunda   65
Al cielo, tierra y mar en olas de oro:
De la música tiembla en el acento.
Ama la soledad: escucha atento
De las aguas con furia despeñadas
El tremendo fragor. Por el desierto   70
Los vagabundos árabes conduce,
Soplando entre sus pechos agitados
Un sentimiento grande, indefinido,
De agreste libertad. En las montañas
Se sienta con placer, o de su cumbre   75
Baja, y se mira del Océano inmóvil
En el hondo cristal, o con sus gritos
Anima las borrascas. Si la noche
Tiende su puro y centellante velo,
En la alta popa reclinado inspira   80
Al que estático mira
Abajo el mar, sobre su frente el cielo.

   Es el ansia de gloria noble y bella:
Yo de su lauro en el amor palpito,
Y quisiera en el mundo que hoy habito   85
De mi paso dejar profunda huella.
De tu favor, espíritu divino,
Puedo esperarlo, que tu aliento ardiente
Vive eterno y da vida: los mortales
A quienes genio dispensó el destino,   90
Ansiosos corren a la sacra fuente
Que tu fogosa inspiración recibe.
El mundo a sus afanes apercibe
Indigno galardón. Cuando los cubre
Vestidura mortal, vagan oscuros   95
Entre indigencia y menosprecio: acaso

De sacrílega mofa son objeto.
Al cabo mueren, y sus almas tornan
A la fuente de luz de que salieron,
Y entonces a despecho de la envidia,   100
Un estéril laurel brota en sus tumbas.
Brota, crece, y ampara las cenizas
Con su sombra inmortal; pero no enseña
A los hombres justicia, y cada siglo
Ve repetir el drama lamentable,   105
Sin piedad ni rubor. Divino Homero,
Milton sublime, Taso desdichado y
¡vosotros lo diréis! Empero el genio
Al infortunio arrostra: sus oídos
Halagan los aplausos que su canto   110
Recibirá feliz en las regiones
Del porvenir. Su gloria, su desgracia
Excitarán la dulce simpatía,
En la posteridad, de los crueles
Que a miseria y dolor le condenaron,   115
Desde la tumba reinará: las bellas
Con respeto y ternura suspirando,
Pronunciarán su nombre: ya centella
A sus ojos la lágrima preciosa
Que arrancarán sus páginas ardientes   120
A la sensible hermosa.
La ve, palpita, se enternece, y fuerte
De la cruel injusticia se consuela,
Y esperando su triunfo de la muerte,
Al seno del Criador gozoso vuela.   125

   ¡Dulcísima ilusión! ¿Quién ha podido
Defenderse de ti, si no ha nacido
Yerto como los mármoles y troncos?
¡Oh! ¡yo te abrazo con ardor! ¡Lo espero...!

Algunas efusiones de mi musa 130
Me sobrevivirán, y mi sepulcro
No ha de guardarme entero:
Tal vez mi nombre, que el rencor proscribe,
Resonará de Cuba por los campos
De la fama veloz en la trompeta. 135

   Al ver como su lienzo se animaba,
El Corregio exclamaba:
¡Yo también soy pintor...! Yo soy poeta.

Progreso de las ciencias
Fragmento

    La física incansable, indagadora,
Analiza la gran naturaleza.
Elevándose al éter Galileo
Entre persecuciones y peligros,
De inquisidor fanático a despecho   5
Consagrados errores disipando,
Su libertad revindicó a la mente.
Armó de nuevos ojos al humano,
La noble frente a Júpiter sublime
Coronó de satélites, y a Febo   10
Sentó en inmóvil, refulgente trono.

    El volador cometa vagabundo
De siglo en siglo iluminaba el cielo
Con siniestro fulgor, vaticinando
Fúnebre porvenir. La ciencia osada   15
Midió por fin su elíptico sendero,
Anunció su venida, despojole
De usurpado terror, y el astro humilde
Obedeció del sabio los decretos.

    Torricelli, Pascal, su peso miden   20
A la impalpable atmósfera: encerrado
En férreo tubo el aire se desata
Y feroz ante sí lanza la muerte.
Hijo del Sol el septiforme rayo
Por cristalino prisma dividido,   25
Entre la oscuridad que le circunda,
Hace brillar del iris los colores.
En el convexo lente deja dócil
Su fulgente corona, y concentrado

Se arma feroz de innumerables puntas,   30
Y a los metales, y al diamante muerde.

En primorosa imitación la Esfera
Rueda en sus ejes, dividiendo el año,
Hace girar en su órbita la tierra,
Y de ella en pos a la inconstante Luna.   35
A la vista Saturno aproximado
Revuelve sus anillos misteriosos
Que oculta o muestra: Júpiter eclipsa
Sus brillantes satélites, y el sabio
Nota el momento, y las distancias mide.   40

El imanado acero en equilibrio
Busca del norte la querida estrella,
Y en el inmenso mar, en negra noche,
Fija su rumbo al navegante incierto.
El agua del calor atormentada,   45
O al choque de la eléctrica centella
En diferentes gases convertida,
A la llama voraz pábulo presta.

Con inocente estrépito a los ojos
Estalla y luce simulado rayo,   50
Que enseñó la atracción del verdadero,
Y pudo el hombre desarmar las nubes.
Del Galvanismo al poderoso impulso
Tiembla y se agita el pálido cadáver
Con misteriosa convulsión, y casi   55
Duda su triunfo atónita la muerte.

Fiero coloso el arador se torna
Del microscopio mágico en el seno;
Y en sus miembros y espalda cristalina

Centenares de músculos se cruzan.	60
En un grano de polvo imperceptible
Hierven insectos mil, y nuevos mundos
A la asombrada vista se presentan.

   Entre los senos de la tierra ocultos
La química sorprende a los metales,	65
Y su corriente sólida persigue.
La acción devoradora de la llama
Hace brotar de calcinadas piedras
El líquido mercurio, y resplandece
Entre la arena vil, pálido el oro.	70

   De blanda seda refulgente globo
Hinche ligero gas: en él suspenso
Deja la tierra el físico atrevido,
Con rápido volar hiende las nubes;
Muy más allá de su región oscura	75
Bebe del Sol purísima la lumbre,
Y sobre un horizonte ilimitado
Los desiertos del Éter señorea.

A mi padre encanecido
En la fuerza de su edad

Es el sepulcro puerta de otro mundo:
Los sabios y los buenos
Así lo afirman, y de espanto llenos
Tiemblan los malos, a su horror profundo.

¡Verdad sublime! ¡Oh padre! Bastaría 5
Tu virtud elocuente
A demostrarla, y a librar mi mente
De los tormentos de la duda impía.

Deja que vil calumnia se prepare
Porque has obedecido 10
El mandato del Dios que ha prometido
Piedad y amor a quien piedad usare.

Los pueblos te bendicen: ellos fueron
De tu virtud testigos,
Y cargan a tus torpes enemigos 15
La justa execración que merecieron.

No tus canas fijó del tiempo el vuelo,
Sí noble desventura...
¡Contempla ese volcán! ¿Su nieve pura
No prueba, di, su inmediación al cielo? 20

Carácter de mi padre

        Integer vitæ, scelerisque purus (Horat).

    Candorosa virtud meció su cuna,
Fiole Clío su pincel sagrado;
Su espada Temis. Contrastó indignado
Al sangriento poder y la fortuna.

    Siempre fue libre. De su frente pura   5
El ceño augusto fatigó al tirano,
Cuya cobarde y vengativa mano
Vertió en su vida cáliz de amargura.

    Humanidad fue su ídolo. Piadoso
Le hallaron el opreso y desvalido: 10
Fue hijo tierno, patriota esclarecido,
Buen amigo, buen padre y buen esposo.

    Hombres que de ser libres hacéis gloria,
Él adoraba en vuestro altar augusto:
El polvo respetad de un hombre justo,   15
Y una lágrima dad a su memoria.

Soneto

Renunciando a la poesía

Fue un tiempo en que la dulce Poesía
El eco de mi voz hermoseaba,
Y amor, virtud, y libertad cantaba
Entre los brazos de la amada mía.

Ella mi canto con placer oía 5
Caricias y placer me prodigaba,
Y al puro beso que mi frente hollaba
Muy más fogosa inspiración seguía.

¡Vano recuerdo! En mi destierro triste
Me deja Apolo, y de mi mustia frente. 10
Su sacro fuego y su esplendor retira.

Adiós ¡oh Musa! que mi gloria fuiste:
Adiós, amiga de mi edad ardiente:
El insano dolor quebró mi lira.

A Roma antigua

    Envuelta en sangre y pavoroso estrago
Combate Roma con feroz anhelo:
Llena el mundo su nombre, sube al cielo,
Y las naciones tiemblan a su amago.

    Su águila fiera por el aire vago   5
Hiende las nubes con ardiente vuelo,
Y apenas mira en el distante suelo
Las ruinas de Corinto y de Cartago.

    ¿Qué la valió? Carbón, Mario implacable,
Y Sila, vengador, y César fuerte   10
Huellan del orbe a la infeliz señora

    Y otros... ¡Oh! ¡Roma grande y miserable,
Que ansiando lauros y poder de muerte
No supo ser de sí, reguladora!

A Napoleón

  Conjunto incomprensible y asombroso
De oscuridad y luz, de nada y gloria;
Astro a par ominoso
A libertad y reyes, elevado
Por una tempestad a tal altura   5
Por otra tempestad de ella lanzado,
Que solo has igualado
Con tu desgracia inmensa tu ventura.

  ¡Divinidad mortal! Bajo tu planta
Su alta cumbre los Alpes inclinando,   10
Un camino triunfal te preparaban.
Tu señal aguardaban
Los elementos, mientras disipando
Las tempestades de lluviosa noche
Para alumbrar tus fiestas,   15
El Sol desde su carro te anunciaba.
Europa te miraba
Con un horror profundo;
Y de tu voz fatídica el acento,
De tus ojos bastaba un movimiento   20
A conmover el mundo.

  Tu soplo animador del caos sacaba
Las olvidadas leyes.
A los vastos despojos de los reyes
Tu imagen insultaba   25
Sobre mil y mil bronces, que cautivos
Al orbe tus hazañas referían.
A tu querer los cultos renacían,
De su fraternidad ya se pasmaban,
Y en los altares, que juntos humeaban,   30

Por ti sus oraciones confundían.
«Conserva ¡oh Dios! —decían—,
Al héroe del Tabor: ¡dale victoria!
Conserva ¡oh Dios! al vencedor del Tibre!»
¡Por qué añadir entonces no pudieron   35
Para colmar tu gloria:
«Conserva ¡oh Dios! al rey de un pueblo libre»!

Si quisieras reinaras todavía.
Hijo de Libertad, la destronaste:
Su exterminio juraste   40
En tu soberbia impía.
Mas la tumba que se abre
A la diosa inmortal, tarde o temprano
Hiela en su sombra fría
El necio orgullo del mayor tirano.   45

¿En tu ambición furiosa
Fe, justicia o derechos respetaste?
En vano ya te fuera
La España generosa
De gloria y de peligros compañera.   50
Esclava la anhelaste;
Mas no quisiste unir otra diadema
A tu doble corona, y en su trono
Un simulacro tuyo colocaste.

Mas no: sus sacerdotes y guerreros   55
A la lid mutuamente se excitaron.
Supersticiosos, fieros
Los pueblos al clamor se levantaron.
¡Presagio pavoroso! Las campanas
Por invisible mano sacudidas,   60
¡Alarma! resonaban.

Las estatuas antiguas retemblaban
Y llanto se veía
En sus ojos inmóviles: la sangre
Del Salvador divino de la tierra 65
En sus yertas imágenes corría.
Por la noche los muertos vagueaban
Y los fúnebres gritos ¡Guerra! ¡Guerra!
Do quiera los sepulcros exhalaban.

   Una noche... ¡Atended! Era la hora 70
En que los sueños lúgubres anuncian
Del sepulcro sombroso
La triste voz; en que el segundo Bruto
Vio a su genio enlutado
Alzarse en el horror de las tinieblas; 75
En que el feroz Ricardo, atormentado
Por sueño sin reposo,
Los manes vio de su familia entera
Maldecirle y gritar: «¡Aquesta, impío,
Es tu noche postrera!». 80

   Solo, en silencio Napoleón velaba;
La fatiga inclinaba
Su frente poderosa
Sobre la carta inmóvil, que sus ojos
Solo confusamente 85
Miraban: tres guerreras, tres hermanas,
A su vista se ponen de repente.

   Pobre y sin atavíos la primera,
Una virgen romana parecía,
Morena al brillo de abrasado cielo. 90
Su alta frente ceñía
Simple ramo de encina: se apoyaba

En un roto estandarte, y recordaba
Un día sublime de inmortal memoria.
Brillaban tres colores 95
En sus girones, al francés sagrados,
Del humo ennegrecidos, destrozados,
Pero por la victoria.

«Te conocí soldado:
¡Salud! hete ya rey —ella dijera—: 100
De Marengo la espléndida jornada
En tus fastos de gloria
Después de yo se encuentra colocada.
Soy su hermana mayor; la que en Arcole
Protegí tu carrera, 105
Dictándote la voz airada, fuerte,
Que el valor de los tuyos reanimara,
Cuando tan grande te miró la muerte,
Que en medio a rayos mil te respetara.»

«Trocaste en cetro de hierro 110
Mi bandera profanada.
¡Tiembla! Tu estrella eclipsada
Palidecer miro yo.
¡La fuerza no tiene apoyo
Cuando sin freno se mira 115
A Dios! Tu reinado espira
Y ya tu gloria pasó.»

Sobre su frente la segunda unía
A la brillante palma del desierto
Los tesoros que encierra Alejandría. 120
El fuego con que el Sol a Egipto inunda
Sus ojos encendía.
En los hijos de Omar ensangrentada

Ostentaba su mano por trofeo,
De Julio César la terrible espada, 125
Y el ilustre compás de Tolomeo.

   «Te conocí de Francia desterrado
¡salud! hete ya rey —ella dijera—.
Del famoso Tabor la gran jornada
En tus fastos de gloria 130
Después que yo se encuentra colocada.
Soy su hermana mayor; te debo el nombre
Que al pie de las Pirámides obtuve.
¡Nombre inmortal! del Nilo en las orillas
Vi los turbantes de Ismael hollados 135
Por tus caballos rápidos. Las artes
A sus hijos preciados
Allí bajo tu égida colocaban,
Cuando al polvo de Menfis y de Tebas
Sus misterios augustos preguntaban. 140
Si te extraviaste entonces
En tu glorioso vuelo,
Fue cual águila noble, que fijando
La vista al Sol, y tras la luz volando,
En los desiertos piérdese del cielo.» 145

   «Bajo tu cetro de hierro
   La quisiste ver ahogada
   ¡Tiembla! tu estrella eclipsada
   Palidecer miro yo.
   La fuerza no tiene apoyo 150
   Cuando sin freno se mira.
   ¡Adiós! Tu reinado espira
   Y ya tu gloria pasó.»

   La postrera... ¡Oh piedad! Sus manos bellas

Cadenas oprimían. Con los ojos 155
Clavados en la tierra, do sus pasos
Dejaban ¡ay! ¡ensangrentadas huellas,
Se acercaba temblando,
Perece, no se rinde! murmurando.
¡Lejos de ella la pompa, y los tesoros 160
Con que feliz victoria se atavía!
Pero cipreses bellos, cual laureles,
Su noble frente coronaban fieles,
Como guirnalda fúnebre y sombría.

«No me conocerás hasta la hora 165
Que dejes de reinar: ¡escucha y tiembla!
Ninguna otra jornada
Se ha de ver en tus fastos colocada
En pos de mí. Tampoco
Tengo hermana mayor. Recuerdo amargo 170
Seré a la tierra de valor y pena.
Libertaré a los reyes oprimidos,
A los pueblos pasando su cadena.
Los siglos dudarán, al ver tu historia,
Si tus soldados fuertes, 175
De tanta y tanta hazaña escombros vivos,
Compañeros antiguos de tu gloria,
Mas grandes parecieron
En un día solo que revés sufrieron,
Que en veinte años de dicha y de victoria.» 180

«Yo al fin echaré del cielo
Tu estrella triste, eclipsada,
Y quebraré con tu espada
Tu cetro férreo y atroz.
La fuerza no tiene apoyo 185
Cuando sin freno se mira

¡Tiembla! Tu reinado espira
Y ya tu gloria pasó.»

Dijo: las tres al cielo
Encaminaban ya su raudo vuelo, 190
Y aún el guerrero atónito escuchaba
El fatídico acento, que pesaba
Sobre su alma oprimida.
Mas al redoble del tambor guerrero
Se disipó su imagen importuna, 195
Cual la pálida lumbre de la Luna
Del Sol ardiente al esplendor primero.

Creyendo haber domado
Los hijos fieros de Pelayo fuerte
Sube otra vez al carro vagabundo 200
En que llevar pensaba por el mundo
La esclavitud y muerte.
De un salto pasa por su vasto imperio.
Sus caballos fogosos, anhelantes,
Que se desfallecían 205
Bajo el cielo del sur fiero, abrasado,
Para refrigerarse ya bebían
Del Beresina helado.

Fiado en estrella infiel se adormecía,
Por lisonjeros viles fascinado, 210
Y cuando ya caía,
De la tierra el imperio meditaba.

Abrió los ojos al fragor del rayo,
Y ¿dónde se encontró? Sobre una roca
Do a todos los monarcas inquietaba 215
Con su vida importuna.

Mas presente do quier se le miraba,
Grande cual su desgracia, destronado,
Pero inimitable, alzado
En los escombros, ¡ay! de su fortuna.   220

   Quedó Europa vacía,
Y cubierta de luto la victoria.
Así de falta en falta,
De tormenta en tormenta,
Vino a morir sobre el escollo estéril   225
Do naufragó su gloria.
En torno de su tumba murmurando
El mar su pena ostenta.

   Te recibió un peñasco
Sin corona, y sin vida   230
Cuando antes contenerte no pudiera
Un imperio vastísimo. A la tumba
Contigo descendieron
Tu imperial porvenir, tu dinastía,
De tarde en ella el pescador reposa,   235
Y sus pesadas redes levantando,
Se aleja lentamente, cavilando
En su trabajo del siguiente día.

Soneto a Napoleón

Sin rey ni leyes, Francia desolada
De anárquico furor cayó en la hoguera:
Salvola Bonaparte: lisonjera
La gloria en cetro convirtió su espada.

Tembló a su voz Europa consternada: 5
Reyes la dispensó con faz severa;
En Moscú, en Madrid su águila fiera,
En Roma y Viena y en Berlín vio alzada.

¡Cómo cayó...! Vencido, abandonado
En un peñasco silencioso espira, 10
Dando ejemplo a los déspotas terrible.

Al contemplar su fin desventurado,
Clama la historia, que su genio admira:
No hay opresor por fuerte irresistible.

Meditación matutina

    Pasé la noche tranquila
En el sueño sepultado,
Y por la luz despertado,
Saludo el sereno albor.
Como si naciese ahora   5
Siento y gozo la existencia:
Mi alma cobra su potencia,
Y a ti se eleva, ¡Señor!

    Tu mano sabia me guíe
Por el arduo laberinto   10
En cuyo triste recinto
Vagará mi incierto pie.
Y protéjame tu escudo
Del crimen y sus furores
De los peligros y errores   15
Que débil arrostraré.

    Presto cerrará mis ojos
Otro sueño más profundo;
Noche más larga del mundo
El cuadro me velará.   20
Pero siempre mi flaqueza
Sostendrá tu mano fuerte,
Y aún más allá de la muerte
Piadosa me salvará.

    Ese sueño misterioso   25
Debe terminar un día,
Y esa tiniebla sombría
Disipará tu esplendor.
Me inundará luz eterna,

Rasgado el fúnebre velo, 30
Y las delicias del cielo
Me dará tu inmenso amor.

En el sepulcro de un niño
Epitafio

Al brillar la razón a su alma pura,
Miró los males del doliente suelo:
Gimió; y los ojos revolviendo al cielo,
Voló buscando perenal ventura.

Soneto a mi esposa

Cuando en mis venas férvidas ardía
La fiera juventud, en mis canciones
El tormentoso afán de las pasiones
Con dolorosas lágrimas vertía.

Hoy a ti las dedico, esposa mía, 5
Cuando el amor más libre de ilusiones
Inflama nuestros puros corazones
Y sereno y de paz me luce el día.

Así perdido en turbulentos mares
Mísero navegante al cielo implora, 10
Cuando le aqueja la tormenta grave;

Y del naufragio libre, en los altares
Consagra fiel a la deidad que adora
Las húmedas reliquias de su nave.

Vanidad de la riquezas

Si la pálida muerte se aplacara
Con que yo mis riquezas le ofreciera,
Si el oro y plata para sí quisiera,
Y a mí la dulce vida me dejara;

¡Con cuánto ardor entonces me afanara   5
Por adquirir el oro, y si viniera
A terminar mis días la Parca fiera,
Cuán ufano mi vida rescatara!

Pero ¡ah! no se libertan de su saña
El hombre sabio, el rico ni el valiente: 10
En todos ejercita su guadaña.

Quien se afana en ser rico no es prudente:
Si en que debe morir nadie se engaña,
¿Para qué trabajar inútilmente?

La estación de los nortes

    Témplase ya del fatigoso estío
El fuego abrasador: del yerto polo
Del septentrión los vientos sacudidos,
Envueltos corren entre niebla oscura,
Y a Cuba libran de la fiebre impura.   5

    Ruge profundo el mar, hinchado el seno,
Y en golpe azotador hiere las playas:
Sus alas baña Céfiro en frescura,
Y vaporoso, transparente velo
Envuelve al Sol y al rutilante cielo.   10

    ¡Salud, felices días! A la muerte
La ara sangrienta derribáis que mayo
Entre flores alzó: la acompañaba
Con amarilla faz la fiebre impía,
Y con triste fulgor resplandecía.   15

    Ambas veían con adusta frente
De las templadas zonas a los hijos
Bajo este cielo ardiente y abrasado:
Con sus pálidos cetros los tocaban,
Y a la huesa fatal los despeñaban.   20

    Mas su imperio finó: del norte el viento,
Purificando el aire emponzoñado,
Tiende sus alas húmedas y frías,
Por nuestros campos resonando vuela,
Y del rigor de agosto los consuela.   25

    Hoy en los climas de la triste Europa
Del Aquilón el soplo enfurecido

Su vida y su verdor quita a los campos,
Cubre de nieve la desnuda tierra,
Y al hombre yerto en su mansión encierra. 30

Todo es muerte y dolor: en Cuba empero
Todo es vida y placer: Febo sonríe,
Mas templado entre nubes transparentes,
Da nuevo lustre al bosque y la pradera,
Y los anima en doble primavera. 35

¡Patria dichosa! ¡Tú, favorecida
Con el mirar más grato y la sonrisa
De la Divinidad! No de tus campos
Me arrebate otra vez el hado fiero.
Lúzcame ¡ay! en tu cielo el Sol postrero. 40

¡Oh! ¡Con cuánto placer, amada mía,
Sobre el modesto techo que nos cubre
Caer oímos la tranquila lluvia,
Y escuchamos del viento los silbidos,
Y del distante Océano los bramidos! 45

Llena mi copa con dorado vino,
Que los cuidados y el dolor ahuyenta:
Él, adorada, a mi sedienta boca
Muy más grato será de ti probado,
Y a tus labios dulcísimos tocado. 50

Junto a ti reclinado en muelle asiento,
En tus rodillas pulsaré mi lira,
Y cantaré feliz mi amor, mi Patria,
De tu rostro y de tu alma la hermosura,
Y tu amor inefable y mi ventura. 55

Al Popocatepetl

    Tú que de nieve eterna coronado
Alzas sobre Anahuac la enorme frente,
Tú de la indiana gente
Temido en otro tiempo y venerado,
Gran Popocatepetl, oye benigno   5
El saludo humildoso
Que trémulo mi labio te dirige.
Escucha al joven, que de verte ansioso
Y de admirar tu gloria, abandonara
El seno de Managua delicioso.   10

    Te miro en fin: tus faldas azuladas
Contrastan con la nieve de tu cima,
Cual descuellas encima
De las cándidas nubes que apiñadas
Están en torno de tu firme asiento: 15
En vano el recio viento
Apartarlas intenta de tu lado.
¡Cuál de terror me llena
El boquerón horrendo, do inflamado
Tu pavoroso cóncavo respira!   20
¡Por donde ardiendo en ira
Mil torrentes de fuego vomitabas,
Y el fiero tlascalteca
El ímpetu temiendo de tus lavas,
Ante tu faz postrado   25
Imploraba lloroso tu clemencia!
¡Cuán trémulo el cuitado!
¡Quedábase al mirar tu seno ardiente
Centellas vomitar, que entre su gente
Firmísimos creían   30
Ser almas de tiranos,

Que a la tierra infeliz de ti venían!

Y llegará tal vez el triste día
En que del Etna imites los furores,
Y con fuertes hervores   35
Consigas derretir tu nieve fría,
Que en torrentes bajando
El ancho valle inunde,
Y destrucción por él vaya sembrando.
O bien la enorme espalda sacudiendo   40
Muestres tu horrible seno cuasi roto,
Y en fuerte terremoto
Vayas al Anahuac estremeciendo,
Y las grandes ciudades
De tu funesta cólera al amago,   45
Con miserable estrago
Se igualen a la tierra en su ruina,
Y por colmo de horrores
Den inmenso sepulcro
A sus anonadados moradores...   50
¡Ah! ¡nunca, nunca sea!
¡Nunca, oh sacro volcán, tanto te irrites!
Lejos de mí tan espantosa idea.
A tu vista mi ardiente fantasía
Por edades y tiempos va volando,   55
Y se acerca temblando
A aquel funesto y pavoroso día
En que Jehová con mano omnipotente
La ruina de la tierra decretara.
El Aquilón soberbio   60
Bramando con furor amontonara
Inmensidad de nubes tempestuosas,
Que con su multitud y su espesura
La brillantez del Sol oscurecieron:

Cuando sus senos húmedos abrieron
El espumoso mar se vio aumentado,
Y entrando por la tierra presuroso,
Imaginó gozoso
A su imperio por siempre sujetarla.
Los hombres aterrados
A los enhiestos árboles subían,
Mas allí no perdían
Su pánico terror: pues el Océano
Que fiero se estremece
Temiendo que la tierra se le huye,
A todos los destruye
En el asilo mismo que eligieron.
Acaso dos monarcas enemigos
Que en pos corriendo de funesta gloria,
Sobrados materiales a la historia
En bárbaros combates preparaban,
Al ver entonces el terrible aspecto
De la celeste cólera, temblaron:
En un sagrado templo guarecidos,
De palidez cubiertos se abrazaron,
Y al punto sofocaron
Sus horrendos rencores en el pecho.
Pero en el templo mismo
Los furores del mar les alcanzaban
Que con ellos y su odio sepultaban
Su reconciliación y su memoria.

   Revueltos entre sí los elementos,
Su terrible desorden anunciaba
Que el airado Criador sobre la tierra
El peso de su cólera lanzaba.

   Tú entonces, del volcán genio invencible,

El ruido de las ondas escuchaste,
Y al punto demostraste
Tu sorpresa y tu cólera terrible.
Cual sacude el anciano venerable   100
Su luenga barba y cabellera cana,
Tal tú con furia insana
La nieve sacudiste que te adorna,
Y humo y llamas ardientes vomitando,
Airado alzaste la soberbia frente,   105
Y tembló fuertemente
La tierra, aunque cubierta de los mares.
Entonces dirigiste
A la ondas la voz, y así dijiste:
«¿Quién ha podido daros   110
Suficiente osadía,
Para que a vista mía
Mi imperio profanéis de aqueste modo?
Volved atrás la temeraria planta,
Y no intentéis osadas   115
Penetrar mis mansiones, visitadas
Solo del aire vagaroso y puro.»
Así dijiste, y de su seno oscuro
Con horrible murmurio respondieron
Las ondas a tu voz, y acobardadas   120
Al llegar a tus nieves eternales
Con respetuoso horror se detuvieron.
De espumas y cadáveres hinchadas,
Mil horribles despojos arrastrando
Hasta tu pie venían,   125
Y humildes le besaban,
Y allí la furia horrenda contenían.
Jehová entonces su mano levantando,
Dio así nuevos esfuerzos a las ondas,
Que súbito se hincharon,   130

Y a pesar de tu rabia y tus bramidos
A tus senos ardientes se lanzaron.

Mas aun allí tu cólera temían,
Pues de tu ardiente cráter arrojadas,
Y en vapor transformadas, 135
Vencer tu resistencia no podían.
Pero Jehová contuvo tus furores,
Y sobre tu cabeza
Con inmortal, divina fortaleza
Aglomeró las ondas espumosas. 140
Viéndote ya vencido
Por el mar protegido de los cielos,
En tu seno más hondo y escondido
Los fuegos inextintos ocultaste,
Con que tu claro imperio recobraste 145
Pasados los furores del diluvio.
En tanto de tus senos anegados
Un negro vapor sube,
Que alzando al éter columnosa nube,
Al universo anuncia 150
Los estragos del húmedo elemento,
De Jehová la venganza y la alta gloria,
Su tan fácil victoria,
Y tu debilidad y abatimiento.

Después de la catástrofe horrorosa 155
Luengos siglos pasaste sosegado,
Temido y venerado
De la insigne Tlaxcala belicosa.
Jamás humana planta
Las nieves de tu cima profanara. 160
Mas ¿qué no pudo hacer entre los hombres
La ansia fatal de eternizar sus nombres?

Mira tu faz el español osado,
Y temerario intenta
Penetrar tus misterios escondidos. 165
El intrépido Ordaz se te presenta,
Y a tu nevada cúspide se arroja.
En vano con bramidos
Le quisiste arredrar; entonce airado
Ostentas tu poder. Con mano fuerte 170
Procuras de tu espalda sacudirle,
Y haciéndole temer próxima muerte,
Por los aires despides
Mil y mil trozos de tu duro hielo,
Y amenazas con llamas abrasarle, 175
Y le encubres el cielo
Y la lejana tierra
Con pómez y volcánica ceniza
Que a fuer de lluvia bajo sí le entierra.
Mas él, siempre animoso, 180
Ve tu furor con ánimo sereno:
Holla tu nieve, y desde tu ancha boca
Mira con ansia tu hervoroso seno.

   Mil victorias y mil doquier lograba
El español ejército valiente, 185
Pero ya finalmente
La pólvora fulmínea les faltaba.
Y su impávido jefe fabricarla
Con el azufre de tu seno quiere.
Hablara así a sus huestes el grande hombre: 190
«Eterno loor a aquel que se atreviere
A acometer empresa de tal nombre.»
Así dice, y Montaño valeroso,
La voz de honor oyendo que le anima,
Baja a tu ardiente sima, 195

Y tus frutos te arranca victorioso.

    ¿Con fuerza te estremeces? ¡ah! yo creo
Que a cólera mi labio te provoca.
De tu anchurosa boca
Humo y sulfúrea llama salir veo. 200
¿Qué? ¿Me quieres decir fiero y airado
Que solo he numerado
Los terribles ultrajes que has sufrido?
Basta, basta, oh volcán; ya temeroso
El torpe labio sello; 205
Pero escucha mis súplicas piadoso:
No quieras despiadado
Ser más temido siempre que admirado.
Jamás enorme piedra
De tus senos lanzada 210
Llene de espanto al labrador vecino;
Jamás lleve tu lava su camino
A su fértil hacienda,
Ni derribes su rústica vivienda
Con tus fuertes y horribles convulsiones; 215
Que el inextinto fuego
Que en tu seno se guarda
Para siempre jamás quede en sosiego.

Inmortalidad

    Cuando en el éter fúlgido y sereno
Arden los astros por la noche umbría,
El pecho de feliz melancolía
Y confuso pavor siéntese lleno.

    ¡Ay! ¡Así girarán cuando en el seno
Duerma yo inmóvil de la tumba fría...!
Entre el orgullo y la flaqueza mía
Con ansia inútil suspirando peno.

    Pero ¿qué digo? —Irrevocable suerte
También los astros a morir destina,
Y verán por la edad su luz nublada.

    Mas superior al tiempo y a la muerte
Mi alma, verá del mundo la ruina,
A la futura eternidad ligada.

El milano y el palomo

Un milano cierto día
Había cogido un palomo
Y le decía: —Si te como,
Tu maldad lo merecía.
Malvada bestia, sé bien   5
El odio que profesabas
A mi raza, y que deseabas
El verme muerto también.
Pero hay Dioses vengadores...
—Ojalá que los hubiera—,   10
Dijo el preso; —no sufriera
Yo en tus uñas mil dolores.
—¡Oh colmo de las maldades!—,
El milano aquí exclamó.—
¡Cómo! ¡Tu impiedad osó   15
Dudar que hay divinidades!
El perdón ya te iba a dar,
Pero tú eres un malvado,
Y por eso que has hablado
Te voy a sacrificar.

El ruiseñor, el príncipe y su ayo

   Un príncipe paseaba
Con un ayo muy prudente
Por un bosque, y casualmente
Allí un ruiseñor cantaba.
El príncipe lo escuchaba,   5
Y su canto le agradó.
Luego cogerlo intentó
Para llevarlo a enjaular,
Mas no lo pudo lograr,
Porque el pájaro se huyó.   10

   Dijo el príncipe indignado:
¿Por qué ese pájaro amable,
De un canto tan apreciable,
En el bosque está ocultado?
Respondió el ayo: —Mi amado,   15
Cuando lleguéis a reinar
Esto os deberá enseñar
Que el que es necio se presenta;
El de mérito se ausenta,
Y es preciso irlo a buscar.   20

La presumida y la abeja

A tiempo que Cloe se estaba
En un espejo mirando,
Entró una abeja zumbando
Al cuarto en que ella se hallaba.
—Venid, criadas, —exclamó—
Echad ese monstruo alado.—
Entonces el monstruo osado
En sus labios se paró.

Cloe se desmaya al momento.
Furiosa su vieja criada
En la abeja desgraciada
Quiere hacer un escarmiento.
Cuando ya la iba a matar
Dijo la abeja: —Yo loca,
Creí que era rosa la boca
De Cloe, y la fui a chupar.—

Las palabras de la abeja
A Cloe volvieron en sí.
Compasiva dijo así
A la colérica vieja:
—Perdona su atrevimiento,
Por su confesión sincera.
Su picadura es ligera,
Desde que habla, no la siento.—

¡Qué cosas se hacen pasar
Con un poquito de incienso!
Esta abeja, según pienso,
Lo podrá certificar.

Los dos diamantes

—De una tierra los dos hemos salido—,
Decía un diamante tosco y escabroso
A un compañero suyo que bruñido,
Mostraba ya su resplandor hermoso.—
Todavía —prosiguió— no he comprendido 5
Por qué a ti solo busca el poderoso.—
Es —dijo el otro— porque me ha pulido
Del lapidario el arte laborioso.—
Así lo que Natura ha producido
En el hombre de bueno y generoso, 10
O bien se pierde, o no se perfecciona,
Cuando en la juventud se le abandona.

El filósofo y el búho

Imitación de Florian

Por decir la verdad pura
Un filósofo echado de su asilo,
De ciudad en ciudad andaba errante.
Detestado de todos y proscripto. 5
Un día que sus desgracias lamentaba,
Un búho vio pasar, que perseguido
Iba de muchas aves que gritaban:
«Ese es un gran malvado, es un impío,
Su maldad es preciso castigarla, 10
Quitémosle las plumas, así vivo.»
Esto decían, y todos le picaban,
En vano el pobre pájaro afligido
Con muy buenas razones procuraba
De su pésimo intento disuadirlos. 15
Entonces nuestro sabio, que ya estaba
De aquel búho infeliz compadecido,
A la tropa enemiga puso en fuga
Y al pájaro nocturno dijo: «Amigo,
¿Por qué motivo destrozarte quiere 20
Esa bárbara tropa de enemigos?».
Nada les hice —el ave le responde—
«El ver claro de noche es mi delito.»

Libros a la carta

A la carta es un servicio especializado para
empresas,
librerías,
bibliotecas,
editoriales
y centros de enseñanza;
y permite confeccionar libros que, por su formato y concepción, sirven a los propósitos más específicos de estas instituciones.

Las empresas nos encargan ediciones personalizadas para marketing editorial o para regalos institucionales. Y los interesados solicitan, a título personal, ediciones antiguas, o no disponibles en el mercado; y las acompañan con notas y comentarios críticos.

Las ediciones tienen como apoyo un libro de estilo con todo tipo de referencias sobre los criterios de tratamiento tipográfico aplicados a nuestros libros que puede ser consultado en Linkgua-ediciones.com.

Linkgua edita por encargo diferentes versiones de una misma obra con distintos tratamientos ortotipográficos (actualizaciones de carácter divulgativo de un clásico, o versiones estrictamente fieles a la edición original de referencia).

Este servicio de ediciones a la carta le permitirá, si usted se dedica a la enseñanza, tener una forma de hacer pública su interpretación de un texto y, sobre una versión digitalizada «base», usted podrá introducir interpretaciones del texto fuente. Es un tópico que los profesores denuncien en clase los desmanes de una edición, o vayan comentando errores de interpretación de un texto y esta es una solución útil a esa necesidad del mundo académico.

Asimismo publicamos de manera sistemática, en un mismo catálogo, tesis doctorales y actas de congresos académicos, que son distribuidas a través de nuestra Web.

El servicio de «libros a la carta» funciona de dos formas.
1. Tenemos un fondo de libros digitalizados que usted puede personalizar en tiradas de al menos cinco ejemplares. Estas personalizaciones pueden ser de todo tipo: añadir notas de clase para uso de un grupo de estudiantes, introducir logos corporativos para uso con fines de marketing empresarial, etc. etc.

2. Buscamos libros descatalogados de otras editoriales y los reeditamos en tiradas cortas a petición de un cliente.